ベルギー 猫祭りとチョコレートめぐり

消しゴムはんこ作家 とみこはん

はじめに

「ベルギーの猫祭り」をご存じでしょうか。フランスとの国境に近いベルギーのイーペルという
街では、3年に一度、5月の第2日曜日に「KATTENSTOET（カッテンストゥッツ）」と呼ばれる
イベントが開催されます。1938年発祥の猫祭りは、現在は地元の老若男女が猫に扮装して、
大きな山車が街中を練り歩くパレードです。普段は穏やかな街に、世界中から猫好きが押し寄
せる、猫！ねこ！ネコ！なイベントで、わたしもこの猫祭りに魅せられた一人です。

わたしは、とみこはんと申しまして、消しゴムはんこを彫って絵を描くイラストレーターです。
美味しいものと旅と人が好きで、出会ったさまざまな思い出はいつも創作の源になっています。

いままでにわたしは、2024年を含めると4回パレードを現地に見に行きました。

・2009年は、会社員時代に休暇を申請し5日間の弾丸旅行を決行★
・2012年は、行かなかったことを激しく後悔（TBS「日立 世界ふしぎ発見！」の特集をテレビ
　で見ました）
・2015年は、友達と2人で参加、立見でパレードを鑑賞★
・2018年は、一人で参加、これも立見でパレードを鑑賞★
・2021年は、新型コロナの影響でイベントは翌年に延期の後、開催中止
・2024年は、6年ぶりの猫祭り開催★

★印がわたしが参加した回ですが、行くたびに楽しみと発見があり、「もっと猫祭りを知りたい」
「次回もこのお祭りを見たい」と、気づけば3年計画で、渡航計画を立てていました。

初めてベルギーに行った2009年は5月8日出発〜 5月12日帰国という3泊5日の弾丸旅行。
しかもその中でオランダ観光に行くという強行スケジュールで自分でもびっくり。

あらためて猫祭りは「弾丸ツアーでイーペルでパレードを楽しむことも、春の花を楽しみながら、
複数都市を周遊して楽しむこともできて素晴らしいタイミングのイベントなのでは？」と思います。

今回のわたしの旅は、猫祭りの前後にオランダに滞在して花を楽しみ、猫祭りに向かう道中、
ブリュッセルでチョコやワッフルを食べ、イーペルで猫祭りを見る
という「春に出かけるベルギー・オランダの旅」となりました。

これから旅で出会った思い出を、日記と写真、消しゴムはんこで
綴っていきますので、一緒に旅をする気持ちでページをめくってい
ただけたら嬉しいです。

LOCATION

旅の航路

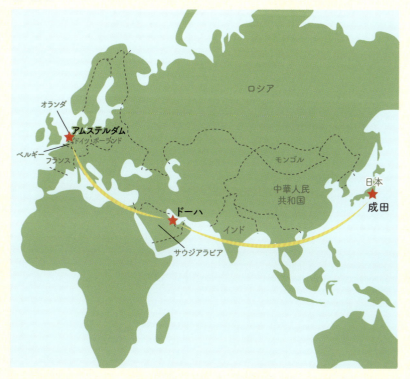

この本に登場するベルギーのチョコレートショップ

BRUXELLES ブリュッセル

1
NEUHAUS Brussels
Galerie De La Reine
Galerie de la Reine 25-27, 1000 Bruxelles, ベルギー
形と種類のバリエーションが豊富。選ぶのが楽しいチョ
コ。ベルギー王室御用達ショコラティエ。

2
Mary
Galerie de la Reine 36, 1000 Bruxelles, ベルギー
優美でエレガントなチョコ。ベルギー王室御用達ショコラ
ティエ。

3
Aux Merveilleux de Fred
Rue du Marché aux Herbes 7, 1000 Bruxelles, ベルギー
買ったらすぐに食べたいチョコレートケーキ。

4
Leonidas Beurre
Rue au Beurre 34, 1000 Bruxelles, ベルギー
100年を超える老舗の味。ベルギー王室御用達ショコ
ラティエ。

5
Galler Bruxelles - Grand Place
Rue au Beurre 44, 1000 Bruxelles, ベルギー
ベルギーチョコとワッフルが融合した商品も。ベル
ギー王室御用達ショコラティエ。

6
Pierre Marcolini - Galerie de la Reine 1
Galerie de la Reine 21, 1000 Bruxelles, ベルギー
宝石のようなチョコと、テイクアウトで楽しみたい
KUMO。ベルギー王室御用達ショコラティエ。

7
Elisabeth
Rue au Beurre 43, 1000 Bruxelles, ベルギー
お値段も見た目も可愛い美味しいチョコ。

8
Passion Chocolat
Rue Bodenbroek 2/4, 1000 Bruxelles, ベルギー
美味しい上に可愛い形のグッドルッキングチョコ。

9
Laurent Gerbaud
Rue Ravenstein 2D, 1000 Bruxelles, ベルギー
砂糖や添加物を極力使用せず、素材本来の甘さを
楽しむビター系。

10
Herman Van Dender
Rue au Beurre 32, 1000 Bruxelles, ベルギー
素材を楽しむ大人味のチョコ。ベルギー国内にしか店
舗がない、ベルギー王室御用達ショコラティエ。

GENT ヘント

11
Chocolaterie Vandenbouhede
Mageleinstraat 46, 9000 Gent, ベルギー
口内で弾ける果汁とチョコの組み合わせが楽しい。
友達との思い出のチョコ。

12
Chocolatier Van Hoorebeke
Sint-Baafsplein 15, 9000 Gent, ベルギー
現地ではチョコを食べ、お土産にはチョコレートス
プレッドもおすすめ。

13
Daskalidès
Henegouwenstraat 1, 9000 Gent, ベルギー
お店のマダムが親切だった。カフェ併設の老舗の味。

14
Tailored Flavours by Magelein
Mageleinstraat 21, 9000 Gent, ベルギー
チョコとナッツのお店。メロケーキも美味しい。

IEPER イーペル

15
Vandaele
Grote Markt 9, 8900 Ieper, ベルギー
猫祭りの街、イーペルで出会える猫型のチョコとメ
ロケーキ。

BRUXELLES ブリュッセル

3 Aux Merveilleux de Fred
4 Leonidas Beurre
2 Mary
10 Herman Van Dender
1 NEUHAUS Brussels Galerie De La Reine
7 Elisabeth
6 Pierre Marcolini - Galerie de la Reine 1
5 Galler Bruxelles - Grand Place
9 Laurent Gerbaud
8 Passion Chocolat

GENT ヘント

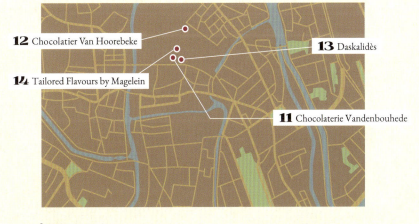

12 Chocolatier Van Hoorebeke
13 Daskalidès
14 Tailored Flavours by Magelein
11 Chocolaterie Vandenbouhede

IEPER イーペル

15 Vandaele

ベルギー 猫祭りとチョコレートめぐり

目次

- 2　はじめに
- 4　この本に登場するベルギーのチョコレートショップ
  　（ブリュッセル、ヘント、イーペル）

- 8　旅のしおり　〜猫祭りアイテムと旅の持ち物〜

- 11　猫とチョコの旅日記

- 12　2024.5.7　6年ぶりの猫祭りへ出発
- 16　2024.5.8　オランダに到着！
- 21　2024.5.9　オランダでお花見
- 26　2024.5.10　長距離バスでベルギーへ
- 38　ブリュッセルのチョコめぐりノート　その1

- 40　2024.5.11　猫祭り前夜祭（ブリュッセル〜イーペル）
- 46　ブリュッセルのチョコめぐりノート　その2

- 66　2024.5.12　猫祭り当日
- 87　イーペルのチョコめぐりノート　その1

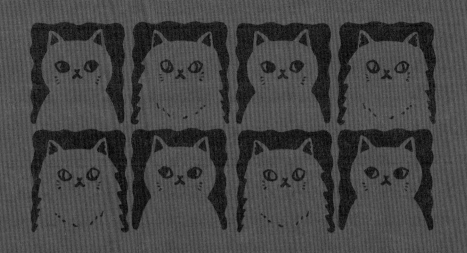

猫とチョコの旅日記

2024.5.7　　6年ぶりの猫祭りへ出発

夜便で、成田空港から出発。6年ぶりに開催されるベルギーの猫祭りへ向かうのだ。これから猫とチョコとハンコの旅が始まる。

成田空港からドーハへ向けて12時間のフライトと3時間の乗り継ぎ時間を経たあと、オランダまで8時間弱のフライト。直行便だったら14時間弱で到着するので、今回の旅路は、正直長いといえば長いかも。

わたしが今回カタール航空にした理由は、予約時にお値段が安かったということと、乗り継ぎでいままで降りたことのない空港であること、そしてJALマイルが積算されるというの

がポイントだった。夜便での出発だったため、ギリギリまで家で準備をして空港に向かうことができる。22:30発の飛行機なので、ドーハ到着までの12時間のフライトは完全に寝て過ごしたいところ。事前にWebチェックイン済ではあるけれど、空港のカウンターで荷物預け入れの際に、「今日の便自

体が空いているか」「いまの時点で隣が空席の通路側の席の設定が可能か」を確認。確認ばかりしているけれども、今後、少なくとも10日間は日本語での会話がなくなるので、ここぞとばかりに質問する。あくまでも、「いまの時点での」という条件付きだったけれど、飛行機に乗り込むと3列シートにわたしだけというラッキーが起こり、急遽ジェネリックフラットシートを作れることに。
この便は空席が多かったため、おそらく同じ考えの海外の若者がわたしの真後ろの空席をめざとく見つけ、「ヒャッハー！ここでゆっくりできるじゃん！

12

2024.5.7

成田〜ドーハ

最高！俺、ここの席にするわ！」と友達に宣言して移動してきた。正直騒がしいので「ちょっとうるさい」というふうな声をかけて、ひたすら寝ることにする。パッキングのため前日も寝ていなかったし、とにかく中年は、眠らないとダメだ。映画を観ることもなく、無事にドーハに着くことを祈って寝る。ブランケットをかぶって就寝。

ドーハ・ハマド国際空港に到着すると、施設のスケールの大きさに驚きの連続。数々のデカいオブジェが点在し、植物園まである。

13

一見高そうなカフェかなと思ったら休憩所だったりして、乗り継ぎまで、ゆっくり過ごすことができた。
今回の旅は猫祭りが目的なので、道中、猫のモチーフ探しをすることに。しかし、ドーハにはあまり猫がおらず、ウサギのキャンディを購入。

2024.5.7

ドーハ

次は大繁盛しているカフェで、美味しそうなフレッシュスムージーを飲もうとオーダーした。暑いドーハで冷たいジュースを飲みたくなるのは、きっと万国共通だろう。選んだスムージーの名前は「STRESS DOWN」。この時点で何のストレスもないけれど、「今後もストレスがありませんように」と願掛けの意味も込めた。

メニューを見て、ちょっとでも自分がわかる英単語を見つけると、不思議なもので「IRON MAN」は自分ぽくないな、とか「HELL OF A NERVE」の神経の地獄ってどういうこと??とか、いろんなことを考えてしまう中、この「STRESS DOWN」(下写真)が今の気分。リンゴ、イチゴ、ショウガが入ったスムージーは目が覚めるくらい美味しかった。気を良くしてスマホのレート換算アプリで計算すると、このスムージーが日本円で1700円することを知る。衝撃!
わたしは現地の通貨であるカタールリヤルのレートをまったく把握していなかった。これはいままでの人生で一番高価で、一番美味しいスムージー。もう一度飲みたい美味しさは、旅の景気付けと注意喚起にもなった。いつだって、ストレスは少しでも減らしたい。

次の飛行機までの乗り換えはスムーズで、保安検査を進み、オランダへ。8時間弱のフライトは、通路席でのんびり過ごすことに。映画を観ようとしたのに、ゲームのアングリーバードに夢中になり、ハイスコアを目指していたらあっという間にスキポール空港に着いた。

15

2024.5.8　オランダに到着！

オランダ・スキポール空港に到着。ここは何度も降り立っているので、心が落ち着く。オランダに来た！という気持ちになる。荷物を受け取り、大好きな雑貨店HEMAへ。旅用のミッフィーのタンブラーに完全に一目惚れ。容量は少なめだけど、このキュートなたたずまいを旅のお守りにしたい。オランダに住む親日家の友達イングリッドさんに「無事にオランダに着きました、いまHEMAにいます」とLINEで伝えると、「クーポンがあるからいまは買い物しないでくださいね！」とすぐに日本語で返事が来た。しかし、その前にもう水筒

2024.5.8

オランダ

買っちゃった……。とは言えなかったので、会った時に白状しよう。そのくらいHEMAが好きなわたしだった。

電車でザーンダムへ移動。
オランダ国鉄の、青と黄色の車体がかっこいい。パキッとした配色が大好きだ。自転車も持ち込むことができるので、いつか自転車旅もしてみたい。

ちなみにスキポール空港の自動券売機で電車の切符を買ったのだが、その後、タッチ決済ができるクレジットカードであれば、電車やバスに乗れることを知り、キャッシュレスの移動となる。

ザーンダムは街並みのデザインがとても素敵で、2015年と2018年の旅でも宿泊した。可愛いおもちゃの城のようなインテルホテルズに泊まったのだが、今回は「ホステルの相部屋に泊まってみる」という初体験を決行。昼間存分に遊んで、夜は寝るだけという旅もありかな、と思って2泊予約した。

2024.5.8

ザーンダム

キレイ目のホステルに到着し、スタッフさんに部屋とロッカーの使い方、キッチンの使い方を教えてもらうと、美味しそうな料理を作っている男性がいた。あまりにも美味しそうだったので「思い出に写真を撮ってもいいですか？」と聞くと、なんと「あなたも良かったら少し食べますか？」とおすそわけをいただくことに。

牛肉の煮込みと白米、最高に美味しい。
トルコの男性で、毎食美味しいご飯を振る舞っているらしく、宿泊のお友達と一緒に3人でいただく。カタコトの英語で過ごす。

この時点で17:30ごろだったので、夕食がわりとなった。

街を散策する前に、このあとベルギーでお世話になるディディさんとカロリンさんに電話をする。EU全土で使えるSIMカードを購入していたのだけれど、過去の旅はメールの文字だけでどうにかなっていたので、生電話はとても緊張した。

「初めまして」「こうやって電話できること、11日に会えることが嬉しいです」「11日の午後に駅につきます」と伝える。
お二人がスピーカーホンで優しく応対してくださったので、とてもホッとした。

19

2024.5.8

9年前に白アスパラガスを食べたレストランを発見し、思わずテルちゃんに連絡。しかし、満腹で入店を諦めた。

テルちゃんのこと。
彼女は大学の入学式で隣の席になって以来ずっと友達。美味しいものと可愛いもの、歌舞伎が好きなエレガントな食いしん坊。2015年の旅では、オランダとベルギーの猫祭りを共に旅した。美味しいものの前では黙ってしまう。ザーンダムで白アスパラガスを食べた時、全く喋らなくなったので怒っているのかと思ったら美味しすぎて声が出なかったらしい。

2024.5.9 　　　オランダでお花見

春のオランダでチューリップのお花見をする！というキラキラした予定の1日。キューケンホフ公園の開園期間が5月13日までなので滑り込みなのはわかっていたのだが、イングリッドさんから「キューケンホフの花が、散っていて少なくなっているとニュースで見ました、大丈夫かな？」との知らせ。マジか……と思いながら何時に行くか悩む。
確かに、チューリップの時期は終わりかけ。オンラインで夕方入園のバスツアーを予約。バスの出発まではアムステルダムを散歩する。

オランダ名物、クロケットのお店でサンドイッチとスープを食べる。クロケットには基本マスタードをつけるけれど、前回は日本から持参した中濃ソースをつけてこっそり食べた。

今回は、お店にウスターソースっぽい茶色いソースが置いてあったのでこちらも試してみる。両方美味しい。スープは野菜のスープで、セロリの風味がとても好きな味だった。今日もテルちゃんに「またクロケット食べようね！」とLINEをする。こうやって未来のご飯の約束をするのが好きだ。

2024.5.9

キューケンホフ

15:15にアムステルダムの観光カウンターに集合後、バスでキューケンホフ公園へ。16:30すぎに公園に着き、帰りの集合時間の19:00までフリータイム。オランダの日没は21:30ごろなのでまだまだ明るい。花、ビール、フリッツ、ミュージシャンの演奏。

たくさんの花に囲まれて恒例のポートレート撮影。3年に一度、キューケンホフ公園の花を背景に、自撮りの写真を家族に送るのがわたしのオランダ旅のルーティン。

19時にバスに戻ると、受付スタッフに「あなたが乗ったバスの運転手の名前、覚えてる??アナウンスで言ったんだけど」と言われ、「ティムだかジムかな」と答えてギリギリ乗車できた。乗り込むバスを運転手の名前で割り振っているようで、隣席になった女性は「予約した名前をチェックすればいいだけなのに、運転手の名前覚えるって関係なくない???」と憤慨していた。

隣席の女性とお話しながらアムステルダム中央駅へ。

彼女から「You are beautiful」というかっこいいステッカーをもらう。

2024.5.9

キューケンホフ

ホステル2泊目。夜中に若者達がロッカーの鍵で大騒ぎ、寝れず……。パスワード式のロッカーが開かなくなり荷物が出せず、パニックになっている模様。わたしも1日目に同じことが起きて、スタッフさんにリセットしてもらったのだけど、真夜中の2時すぎにドミトリーは大混乱。

「わたしも昨日同じことが起きたから、スタッフを呼ぶといいよ」と伝えてみたが、フロントスタッフが真夜中で不在だったこともあり、パニックはヒートアップ。
メールで、スタッフ窓口に「いま、ロッカーキーのトラブルが起きてるので、彼女達を助けてください」と送るのが精一杯。その後、スタッフが駆けつけて無事解決。

よかったよかった。

2024.5.10 　　長距離バスでベルギーへ

鍵の大騒ぎの3時間後、目が冴えたまま朝早くホステルを出発。アムステルダムからブリュッセルまで在来線で3時間、有料特急で2時間、長距離バスで3時間半、ということで今回は「初めて」の長距離バスを選ぶ。安い。アムステルダム・スローテルダイクという駅から出発するのだけど、とにかくいろんな都市行きの便が運行しているため、間違えないようにしないと。日本のような乗り場の電光表示案内が全くと言っていいほどないので、バスのスタッフさんにこの場所で合っているか質問すると、「時間が近くなったら、よくバスを探してね！」とのこと。ぼうっとしてたら、置いていかれそうだった。

2024.5.10

ブリュッセル

バスは電車に比べてすることがないので、持ち込んだお菓子を食べて過ごす。友達がくれた銀座あけぼのの「あんカラッと」がめちゃくちゃ美味しくて一気に食べ尽くす。塩味の揚げ餅にあんこが挟まった、絶妙な甘じょっぱさが脳がバグるほど美味しく、口内が日本になってしまった。
うとうとしながらブリュッセル北駅到着、地下鉄で中央駅へ。
中央駅近くのホテルにチェックイン。口コミ通りエレベーターがない宿だったので、一人でスーツケースを運ぶ。フロントの人におすすめのチョコレート屋さんを聞いてみると、「全部美味しいよ」と。「強いて挙げるなら???」「マリーとノイハウスかな」ということで、お礼を言って街中に出かける。

今回の旅は、「猫」と「チョコ」を楽しむ旅にしたいと思ったので、ブリュッセルではチョコを食べながら旅することに決めた。

27

2024.5.10

ブリュッセル

チョコの思い出。

2015年の旅では、楽しそうにチョコを選ぶテルちゃんに「チョコって、まじ小さいのにめちゃくちゃ高いじゃん!」と悪態をついていたことを思い出し、今さら後悔の念が押し寄せる。最悪すぎる。そんなわたしがチョコの旅をするなんて、チョコとテルちゃん、あの時は本当にごめんね……ということで、いろんなチョコを少しずつ買って味わって懺悔することにした。
この「チョコをちょこちょこっと買う」というテーマが、わたしの旅をずっしり濃厚にしていくことを、この時のわたしはまだ知らない。

1軒目に吸い込まれたのはNEUHAUS。チョコは1粒から買うことができる。紙のカタログが欲しかったが「あいにく店頭にないのよ、ごめんね!お詫びに試供品をどうぞ」とチョコをいただく。子供のように喜んだ。

Maryもチョコ1粒から買える。洗練された上品なチョコたちが並び、あれもこれもと宝石のようなチョコを買ってしまった。ちょっと買いすぎたかも。次からは1店舗5粒ルールにしようと誓う。しかし、後悔はしていない。

Aux Merveilleux de Fredのケーキはいろんな味があったのだけど、やっぱりここはチョコレート味の「メルベイユ」に決めた。

ダークチョコレートチップで覆われたチョコレートホイップクリームの中にメレンゲが鎮座するケーキで、長くは持ち歩きできなそう。「いま、食べちゃえ」と脳から指令が来てしまい、人生初、道端で立ち食いするチョコケーキは背徳の味。食べたら秒で消えてしまったので、消しゴムはんこで彫りたいと思う。とても美味しかった。

2024.5.10

ブリュッセル

炎天下、口の中が完全にチョコ。お腹も減ってきてしょっぱいものが食べたい。
以前ブリュッセルに泊まった時は、Chez Leonでムール貝を食べた。1回目は一人で、2回目はテルちゃんと分け合って食べ、3回目は一人で。

前回は大好きなムール貝を食べすぎて、もはや好きの許容量を越えそうな具合だったので、今回は「初めて」の店に向かうことに。

今回ブリュッセルで行きたいと思っていたのはシーフードのお店、Noordzee。ここは、魚屋さんがやっているレストランで、注文後料理が出来上がると名前を呼ばれて、手を挙げると料理を運んでくれるシステム。わたしがオーダーしたのは、エビのクロケットとエビのグリルとビールとパン。とにかく腹ペコ。

テラスで料理の到着をひたすら待つ。待つ。待つ。
「TOMI」と呼ばれるのを待つ。もっと変わった名前にしてもよかったかもしれない。基本は立食の店で、ハイスツールが置かれたテラス席もある。料理が届く前にとりあえず席を確保したいところ。見渡すとお一人の女性客がいたので、相席を申し込む。椅子は周りの雰囲気を見ながらゆっくりとゲットした。

2024.5.10

ブリュッセル

ところで、今回の旅の会話は英語で話しかけることを心掛けていた。なぜなら、明日からホームステイするイーペルでは、英語で話すことが決まっているからだ。「日本語が使えないなら、英語でどうにかせざるを得ない」と腹を括ると、自発的で行動的になってくるのが不思議だ。今回も知っている単語と、気持ちだけでどうにか旅をしている。

挨拶すれば気持ちよくなり、話を聞いてわからないことは質問してみる、というのは日本語でも英語でも一緒だ。

ちなみに、これまでのオランダ滞在では、友人のイングリッドさんが日本語が達者な為、全く英語を使わないで3週間過ごした。イングリッドさんには、毎回旅の最終日には必ず、「次の旅は、少し英語を勉強してきてくださいね」と言われていたけれど、わたしが英語を積極的に話そうとトライすることはいままでゼロだった。
だからこそ、今回の旅のチャレンジは「英語でコミュニケーションを取ること」なのだった。イングリッドさんとは、猫祭りの後に再会予定。

「TOMI〜!!!」とうとう名前を呼ばれた。元気な声の方向に手を挙げて合図すると、店員さんが出来立ての料理を運んできた。
エビ尽くしand 地元のビール、最高に美味しかった！エビのクロケットはクリーミーでグリルのエビはプリプリで、じっくり待った甲斐があった！このお店は、友達と飲み食いしたい味で、ビール好きな友人にLINEを送った。

クロケットをパンに乗せてオープンサンドに。美味しすぎたし、パンをつけて大正解。

2024.5.10

ブリュッセル

散策再び。
少しずつチョコめぐりをする。

Leonidasは日本でもお目にかかれるチョコだからこそ、店員さんに話しかけておすすめを聞く。グレープフルーツのチョコが気になって購入。

猫のチョコを発見。

Elisabethは様々な形のチョコがショーケースに並ぶ、グッドルッキングチョコ。猫の形のチョコは中がとろーり。

35

Gallerでベルギー名物ワッフルと、チョコレートをドッキングさせたデザートを発見。発明かも？チョコインワッフル。ヒーティングしてくれるのでチョコがとろけます。

Herman Van Denderはベルギーにしか店舗がないショコラトリー。丁寧で上質なお味はゆっくりじっくり味わいたい。

2024.5.10

ブリュッセル

じわじわ、どんどんチョコが増えていく。買うたび、食べるたび、とても美味しいのだけど、その度に誰かと分けたいと思うようになった。この美味しさは、わたしが独り占めしている場合ではないんじゃないか？帰国したら友達とチョコ会をしよう。

チョコ屋さんの帰り道にパワフルな食べ物を食べている若者を見つけたので、「超すごいの食べてますね！写真撮ってもいいですか？」と話しかけ、パンにフリッツてんこ盛りのサンドを写真撮影。

それにしても、友達がいない旅というのは、ノリが少し足りない！テルちゃんがいたら、きっとこのパンをオーダーしていた。

le chocolat du jour

ブリュッセルのチョコめぐりノート　その1

NEUHAUS

形と種類のバリエーションが豊富。選ぶのが楽しい
チョコ。ベルギー王室御用達ショコラティエ。
NEUHAUS Brussels Galerie De La Reine
Galerie de la Reine 25, 1000 Bruxelles、ベルギー

http://www.neuhauschocolates.com/

Mary

優美でエレガントなチョコ。ベルギー王室御用達ショ
コラティエ。
Galerie de la Reine 36, 1000 Bruxelles、ベルギー

https://www.mary.be/

Aux Merveilleux de Fred

買ったらすぐに食べたいチョコレートケーキ。
Rue du Marché aux Herbes 7, 1000 Bruxelles、ベルギー

http://www.auxmerveilleux.com/

Leonidas

100年を超える老舗の味、ベルギー王室御用達ショコラティエ。
Rue au Beurre 34, 1000 Bruxelles, ベルギー

https://www.leonidas.com/be_en

Galler

ベルギーチョコとワッフルが融合した商品も。
ベルギー王室御用達ショコラティエ。
Rue au Beurre 44, 1000 Bruxelles, ベルギー

https://www.galler.com/en/our-chocolates/

Pierre Marcolini

宝石のようなチョコと、テイクアウトでも楽しみたいKUMO。
ベルギー王室御用達ショコラティエ。
Galerie de la Reine 21, 1000 Bruxelles, ベルギー

https://eu.marcolini.com/en/

Elisabeth

お値段も見た目も可愛い美味しいチョコ。
Rue au Beurre 43, 1000 Bruxelles, ベルギー

http://www.elisabeth.be/

2024.5.11　猫祭り前夜祭（ブリュッセル〜イーペル）

今日は長い1日になるので前半と後半に分けて書こう。前半。

昨日から、朝はブリュッセルの名店Dandoyのワッフルを食べようと心に決めていた。朝9時からDandoyに行き、ホテルのチェックアウトまでの2時間は、荷物を預けてワッフルとチョコめぐりをする。

Dandoyでワッフル食べ比べ。左上の写真がモチモチむっちり、パールシュガー入りのリエージュワッフル。左下が長方形でエアリーなブリュッセルワッフル。ブリュッセルタイプは、正直あと3枚はいけると思った。人生をやり直せるなら、チョコとアイスクリームを別添で食べたい。そして、リエージュで本場のリエージュワッフルも食べてみたくなる。

2024.5.11

ブリュッセル

今日もチョコ散策。

Laurent Gerbaudは極力砂糖を使わない製法とのことで、素材の味の奥行きを楽しんだ。柑橘チョコの組み合わせが好き。

Pierre Marcoliniでは「KUMO」を購入。マンゴーユズ味とチョコレート味を選んだ。美味しすぎて食べるのが惜しくなる。この旅では、ゆずフレーバーに開眼した。

Passion Chocolatはグッドルッキングチョコでショーケースがにぎやか。ピーナッツ、亀、コーヒーカップ、楽譜など愛らしいフォルムがたくさん。カタログが充実していて、全部食べたくなってしまう。

昼から電車でブリュッセルから猫祭りの街イーペルへ向かう。そういえば、ホテルの従業員さんに階段で荷物を運んでもらったら、あまりの重さに「クソ重い！ね！これここまで誰が運んだの!?」と聞かれた。
「バイマイセルフ、わたしもクソ重いと思ってます」と答えたら笑っていた。
クソ重いスーツケースを持って鉄道の旅へ。車中でPierre MarcoliniのKUMOを食べる予定。だったのだが……。

ブリュッセル中央駅で重いスーツケースをスムーズに積み込むためにわたしは自転車用の段差の少ない扉の前に立って電車を待っていた。するとドアが開いた瞬間、わたしのクソ重いスーツケースが左に引っ張られた。え!!!! 男性がわたしのスーツケースを、持ち上げて左側の2階席へ運んでいく……？ びっくりしてついていくだけのわたし。ああ、親切に運んでくれたのかな、と思う。本当に重いので感謝しかない。

42

2024.5.11

ブリュッセル

と、その時、前方でカンカンカン、となにかが当たったような不思議な音がした。通路は狭く、何が起きているかわたしには全く見えなかった。
2階席に着くと、男性が「携帯電話が自動ドアに吸い込まれたんだ！」「いま、電車のスタッフを呼ぶのでここにいてくれますか？」と自分の荷物を置いていなくなってしまった。
さっきの音は携帯がドアに当たった音だったのかな？と思いながら、感謝の気持ちが罪悪感に変換される。わたしの荷物なんか持ったおかげで、この人は災難に巻き込まれてしまった。こんなことになるなら、自分で荷物を持てばよかった。ああ、自分で持てばよかったんだ、自力で持てるんだから。

電車の職員が4人も集まり、事情説明の後できる限りの捜索をしてくれることになったが、電話は見つからず、落とし物センターの連絡先のメモを書いて彼に渡して去っていった。彼はずっとため息をついて落胆しており、頭を抱えている。どこまで行くのか聞くと、オステンドまでとのこと。わたしの目的地はイーペルなので、途中のヘントでわたしがこの列車を降りることになる。無理矢理たとえるなら、渋谷から井の頭線に乗ったとすると、渋谷がブリュッセル、下北沢がヘント、吉祥寺がオステンド、本厚木がイーペルと思うと位置的にわかりやすいかもしれない。いや、むしろわかりにくいか？
男性の深いため息に気まずい時間が流れ「わたしのクソ重い荷物を持ったが故にこの親切な人が携帯を落としてしまったのは災難すぎる……」という気持ちになった。そして財布の中に一万円札があることを思い出す。日本を出国してからすべてキャッシュレスで支払いをしていたため、ほんの気持ちのお見舞金を渡すにも、この一万円札しか持ち合わせていないのだった。

43

わたしはここで、気まずさから逃げたくなり、彼に一万円を渡した。彼は「もらえないよ！」としきりに言っていたが、結局は受け取った。わたしは少しだけ心が軽くなった気がした。そのあと、彼が「翻訳アプリで話をしたい」と言ってきたので、わたしは日本語、彼はフランス語で入力をして話をすることになった。

とみ「もし友達や家族と連絡を取るなら、わたしの携帯で、電話かメールしたらどうですか？」
男性「その番号も覚えていない、財布も全部携帯の中」
とみ「ごめんね」
どうしようもないやりとりをする中で、少しずつ乗り換えの駅に近づく。そんな中、空気が一変する翻訳トークが始まった。※わたしたちはずっと携帯アプリでやり取りをしているので、（カッコ）内は心の声です。

男性「今夜一緒にいられませんか？」
とみ「???? どういう意味ですか？」（ナンパにしてはわたしはおばさんだし、タイミングがおかしい）
男性「今週の月曜に銀行に行くのであなたにお金を返したい」
とみ「無理です、あなたはオステンド、わたしはイーペルに行きます」
男性「ダメですか？」

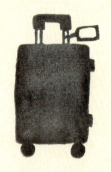

この辺りから、少しおかしな方向に話が向かっているので、スクリーンショットを撮ることにした。ここで強目に口に出して「わたしは勉強のためにイーペルに行かなければならない、先生の家に1週間泊まる、だからあなたとはいられません」と伝える。
（本当は猫祭りに行くし、友達の家に泊まる、1週間じゃなくて4日間だけど、この人、この後イーペルについてくるつもりなのか????）

すると、彼は携帯アプリでこのような文を打ってきた。

2024.5.11

ブリュッセル

「このサービスは、わたしのお金も電話も、全てあなたに要求することができます」

わたしはここで、彼に責められていることがわかった。
しばしの沈黙。
本当に現金も持ってないし、あと5分で乗り換えのヘントに着いてしまう。目の前の彼はずっと頭を抱えている。しかし。
「わたしはごめんと言うことしかできません、だからごめんなさい。荷物を持ってくれてありがとう、5分後、わたしは乗り換えなので、行かないといけない、さよなら」
と口頭で伝えた。
すると、彼はわたしの目をじっと見つめながら、わたしに近づき、両手でハンドサインを出した。親指と人差し指をこする「money」のサイン。初めてわたしは怖くなって、重いスーツケースを抱えて1階に降りた。ヘントの駅のプラットフォームに降り立ち、振り向くと、男性が1階のドアまで来ていた。
（見送りしてくれるのだろうか？）（しかし、この男性が本当にイーペルについてくるかもしれないので、むしろわたしがこの列車を見送らねば安心できない）

わたしはホームからお辞儀して列車を見送る。男性は落ち込んだ顔のまんま、手を振っていた。切ない顔で。
オステンド行きの列車は遠ざかり、わたしはクソ重いスーツケースを持って、イーペル行きの列車に乗り込む。ここからが本当の旅になる、そう信じて、座った座席シートの模様がこちら。

虚無。

le chocolat du jour

ブリュッセルのチョコめぐりノート　その２

Passion Chocolat
美味しい上に可愛い形のグッドルッキングチョコ。
Rue Bodenbroek 2/4, 1000 Bruxelles, ベルギー

http://www.passionchocolat.be/

Laurent Gerbaud
砂糖や添加物を極力使用せず、素材本来の甘さを楽しむビター系。
Rue Ravenstein 2D, 1000 Bruxelles, ベルギー

http://www.chocolatsgerbaud.be/

Herman Van Dender
素材を楽しむ大人味のチョコ。ベルギー国内にしか店舗がない、ベルギー王室御用達ショコラティエ。
Rue au Beurre 32, 1000 Bruxelles, ベルギー

https://www.vandender.com/en/

番外編ワッフル食べ比べ

Maison Dandoy - Grand Place
Rue au Beurre 31, 1000 Bruxelles, ベルギー

https://maisondandoy.com/fr/boutiques/rue-au-beurre

2024.5.11

イーペル

ここから
5月11日の後半。
ヘントからイーペルに
向かう車窓。
何もかもが
穏やかに見えた。

ブリュッセルからヘントで起きたことを妹や友達にLINEしていたら、あっという間にイーペルに着いてしまった。洒落たチーズのサンドイッチも味がしない。が、誰にも見せない安堵の自撮りをしてみたりする。

イーペルの駅では、ホームステイ先のディディさんが車で迎えに来てくれることになっていた。イーペル駅で電車を降りるが、改札はなし。駅前にいた初対面の彼とお互いハグでもなくお辞儀と握手をして車に乗り込む。助手席に乗り込んだつもりが、左ハンドルの運転席で「運転する????」といわれ、初笑い。誰かと笑えるっていいなあ。

ディディさんはジュエリーブランドBOIJOUXを経営していて、わたしがそのブローチと出会ったのは6年前の2018年の猫祭りだった。一人で猫祭りに参加したわたしは、お土産屋さんでBOIJOUXのブローチに出会い、ファンになっていた。それまでは猫のぬいぐるみを観光協会でお土産に選んでいたのだけれど、この時に出会ったブローチがとてもとても素敵で、2021年の猫祭りに行くなら再訪しようと決めていたのだった。このブローチのご縁で彼のパートナーのカロリンさんとも知り合いになった。

2024.5.11

イーペル

2020年3月、カロリンさんとのやりとりが始まる。楽しみにしていた2021年の猫祭りは新型コロナの影響で2022年に延期というニュースを知った。Instagram 経由で「猫祭りが延期で残念ですね」と声をかけてから、わたしとカロリンさんは「体調はどう?」「いまうちの猫はこんな感じ」「お花見をしたよ」「家族の体調はどう?」など日々の近況報告をするようになった。わたしはもちろん、翻訳アプリを駆使して返事をしていた。

2022年に延期された猫祭りも、コロナの猛威で中止となり、2024年の開催が発表され、わたしとカロリンさんは3年ほどメッセージのやりとりをしながら、お互いの好きなものや仕事の話などをし交流を深めた。

そんなわけでの6年ぶりの猫祭り開催。ホテルと航空券を予約し、カロリンさんに連絡をすると、「そのホテルは会場から遠いので、もしよかったら我が家に泊まりませんか?」と声をかけてくれた。

まだお互い顔も年齢も知らないので、いいのかな????と思ったのだが、この3年間、メッセージのやりとりを通じて、お互いの声すら聞いたことのないわたしたちには、静かな信頼関係が芽生えていると思い、ホームステイさせてもらうことになった。

「猫祭りのことや街のことを教えてくださいね」と伝えたら、「それならディディに聞くといいですよ、彼はイーペルに詳しいからね」ということで、Facebookでもつながっていく。ディディさんとも猫祭りの前に、漢字の読み方や意味についてやりとりをしていた。彼が日々の中で出会った日本語や漢字についての「どういう意味で、どういう響き?」といった質問がいつも楽しかった。その返事も全て翻訳アプリを使って打っていたが、それが英語の勉強になっていたのかもしれない。

ディディさんの車に乗り込んでご自宅に向かう。いままでの旅では、てくてく歩いていた道をスイスイ車で進んでいくのが不思議な気分だ。

6年越しのパレードのメイン会場である繊維会館が目に入り、わたしが思わず拍手をすると、ディディさんが朗らかに笑っていた。

拍手をしながら興奮していると、車が停まった。あっという間にご自宅に到着、「地元の人だ〜」としみじみ思う。

駐車スペースにはパレードの猫に扮装している少女たちがいて、とても可愛らしい。謎の日本人の猫好きおばさんとも写真を撮ってくれた。

2024.5.11

イーペル

ご自宅ではカロリンさんと初対面、いつもメッセージでやりとりしていたので会えてとても嬉しい。「ようこそ！彼女も待っていたわ！」と猫のクレモンティンをお茶目に紹介してくれる。おとなしく優雅なクレモンティン。いつも写真で見ていたけれど、実物の美しさといったらなかった。

ティータイムはカロリンさんが焼いてくれたレモンのパウンドケーキとコーヒー。「あなたが好きそうなカップでしょう？」見ると、ナインチェ（ミッフィー）の顔のコーヒーカップだった。心遣いにじんわり温まる。

3人でおやつを食べながら会話が始まった。ディディさんとカロリンさんは普段フラマン語を話すので、わたし用に英語で説明をしてくれる。猫祭りのプログラムと指定席のチケットを用意してくれて、イーペルの歴史を説明してくれた。ディディさんが説明しながら書き込んでくれたメモは、わたしの宝物になった。

事前レクチャーが終わると、ディディさんが猫祭りの会場を案内してくれることに。メインストリートではディディさんは皆に挨拶している。地元っ子だ！途中、着物姿の日本人女性に会い、写真を撮らせてもらったり、楽しい忙しさが続く。今日は前夜祭のアトラクションがあるので、それが終わるまでは出歩きっぱなし。

メインストリートには前夜祭を楽しむ人がたくさんいて、皆ファッションのどこかに「サムシングキャット」として、猫モチーフを取り入れている。わたしはまずイーペルの猫のぬいぐるみと黒い猫耳カチューシャを購入。猫祭りに3年に一度くらい、猫耳をつけてもいいよね？

2024.5.11

イーペル

イーペルの猫祭りでは、パレードの後に繊維会館の上から猫のぬいぐるみが投げられ、それをキャッチした人に幸運が訪れると言われている。

かつて、毛織物の産地であったイーペルでは、倉庫の毛織物をネズミから守るために、たくさんの猫が飼われていたという。
そんな中、ヨーロッパでは魔女狩りが始まり、魔女の使いと思われた猫を、繊維会館の塔の上から投げ落とすことが風習となったそうだ。
このような悲しい歴史を忘れず、猫への愛と平和と友好の意を込めて「猫のぬいぐるみ」を投げることになったのが、現代の猫祭りとのこと。
塔の上から投げられるぬいぐるみは争奪戦になるので、平和にゲットしたい人は事前にお土産店で買うのをおすすめします。

53

ディディさんにチョコレート屋さんのカーロさんを紹介してもらう。店内で歴代の猫祭りのステッカーを発見！わくわくする。カーロさんはとてもニコニコで、明日も来ますと約束した。

歴代の猫祭りのステッカーも、長らくパレードを見つめてきたんだなあ。

どのショーウインドウにも、猫、猫、猫。

2024.5.11

イーペル

ガラスが反射してしまうけど、思わず撮影。猫祭り期間はお土産屋、本屋、服屋、パン屋、カフェ、ありとあらゆるお店が猫のディスプレイなのだ。わたしがもっとうまく撮れたらいいのにな〜と、写真撮影が得意な友達を思い浮かべてしまう。

なんちゅう表情をしているの?という、インパクト強めのバイオリン猫と、激しく甘めのハッピーキャット。

広場には前夜祭の猫の楽団が現れ、演奏しながらパフォーマンス。写真を一緒に撮ってもらう。

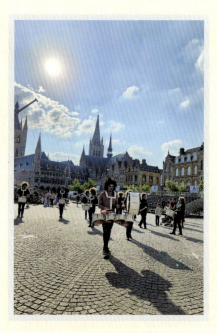

扮装した魔女たちは、いきなり脅かしてくるので注意!

2024.5.11

イーペル

途中で新たな猫耳カチューシャの売り子さんと出会う。猫耳の部分に銀のビーズがついていて、動くとキラキラ光る。値段を聞くとさっきのシンプル猫耳カチューシャの3分の1だったので、思わず買ってしまう。
猫耳おばさん、2個目をゲット。しかし頭に付けられるのは1個。お祭り本番は時間帯でカチューシャを付け替えよう。

その後、お土産屋さんでいままでネットでも見たことのない、昔の猫祭りのぬいぐるみを発見し、買うか悩みまくる……。その店にいた日本人のお客さんも「これは見たことない！」と盛り上がっていた。
わたしは購入を一旦諦め、道を歩いていると……。目の前に、この世で一番可愛いのでは？？と思える猫のカチューシャをつけている人に遭遇。彼はキャップの上にカチューシャをつけていて、爆裂にビジュアルがよいのだ。

57

猫がジャンプをしているように弧を描くカチューシャが最高すぎる。
瞬時にときめき、一旦通りすぎたあとに、可愛い後ろ姿に向かって
「すみません、あなたのヘッドドレスはとてもすてきですね！それはどこで買いましたか？？？」
と声をかけた。

彼は振り向くと、
「これ？まっすぐ行って左に曲がった店だよ！とても可愛いよね！」
「とても可愛いので、写真を撮ってもいいですか？そして、Instagramに投稿してもいい？？」
「もちろん!!インスタフォローするよ！見て!!彼女のカーディガンも猫なんだ〜」
「わお!!」
「猫のTシャツもあるよー」
「今回は旅行ですか？」
「ボストンから来たよ！」
などなど楽しく話す。

「猫祭り楽しもうね！またね！」
と明るく別れる。

2024.5.11

イーペル

わたしは3個目のカチューシャを買うために2人が教えてくれたお店へ。外はまだまだ明るいけれど、店じまいで、黒猫カチューシャはウインドウの中にいた。欲しかったなーと思いながら、また明日チャレンジしよう!と気持ちを切り替える。

繊維会館に現れた、顔はめパネル。
辺りには色とりどりの旗が掲げられ、前夜祭のアトラクションのキャストや猫祭りを楽しみにしている観客たちがたくさん集まっていた。
わたしはInstagramで、日本人アーティストのSさんとMさんに連絡をとった。2人とは6年ぶりの再会。その時の猫祭りの帰りの列車で、偶然小一時間ご一緒しただけだが、今年の猫祭りを前に連絡をとっていたのだった。再会の場がイーペルの猫祭りだなんて素敵じゃないか。Sさんは6年の間に可愛いお子さんが生まれ、今回は家族で猫祭りに参加。Mさんも一緒にフランスから車でイーペルに来ているそう。「ここのテラスでビール飲んでますよ」とのメッセージに心躍る。

再会とベルギービール。最高だ。興奮して写真を撮ることを忘れたが、Mさんが見せてくれた猫のキャンドルがとても可愛い。ふくふくしている。

59

夜はお二人と前夜祭のショーを見ることに。3人とも、これが見たかった。スタンド席に腰を掛け、前夜祭の幕が上がるのを待つ（このスタンド席は、翌日には指定観覧席になる）。わたしの今年の猫祭りの目的は「今回こそ前夜祭を満喫すること」だった。実は過去3回、前夜祭を完璧に楽しんだことがない。遠方の宿に帰るため、泣く泣く終電に乗っていた。今年こそは最初から最後まで見てみたかったのだ。そんな話をスタンドでしているうちに日が暮れてきて、会館がライトアップされる。スタンド席は何が起こるか見守っている人でいっぱい。屋根の上には三日月、最高の晴れた夜空。

2024.5.11

イーペル

そこに、ストーリーテラー？のキャストが現れ、歌い始める。羽をつけた歌姫も歌う。地上でも歌が響き、クレーンで吊られた自転車とキャストが三日月を背景に空を飛ぶ。何が起きるか予測できないショーで、地上では花火、ワクワクが止まらない。
目の前に置かれた円形の筒型のスクリーンが宙に浮かび、「何かが投影されるのかな？」と見守っていると、かつてのパレードの映像が写し出される。3年に一度、こうやってこの街はパレードを続けてきたのだ……。

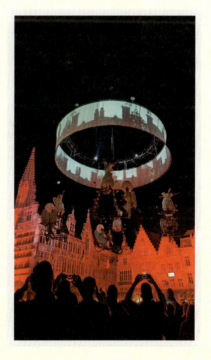

6年ぶりの猫祭り、今年は、長い歴史を照射するんだなぁ……と、勝手にしみじみしていると、そのスクリーンがさらに上昇していく……??
そして宙に浮き上がるスクリーンの下に、羽をつけたキャストと、自転車に乗った音楽団が宙乗りで現れた。もうこのあたりで客席は大興奮。

スクリーンはどんどん上昇し、イーペルのかつてのパレードの名場面を写しながら空へ、空へと近づいていく。三日月を背景にした、羽の天使と楽団のパフォーマンスはとても幻想的だ。ショーの始まりではグラデーションだった夕暮れから、漆黒の夜へと移り変わり、それを背景に次々と繰り出されるアトラクションには、スタンド席も、通路の立ち見席も大興奮。

いままで見たことのない前夜祭。どうなるの？これは！宙を舞う羽の踊り子にうっとりしていると、今度はまたなにやら形が変わっていく……!!!??? どういうこと？と思って見ていると、赤いロングドレスが現れた??? 白い羽のダンサーたちの舞の中心に現れた赤いドレス……。どういうこと？どうなる?? と思っているとドレスの中から白いバルーンが現れ、空に漂う……。これでフィナーレかな？と思いきや……。

2024.5.11

イーペル

えっ、赤いドレスの中からまた何かスルッと出てきてる???うそだろ?ハシゴが出てきた!とまたもや観客席はざわざわ、ワクワク。すると、尻尾を生やしたキャストが白猫ちゃんで登場!この辺りからは、興奮しているので記憶があいまいなのだが、スマホのカメラの記録が雄弁だった。ハシゴをつたって現れた宙乗り猫ちゃんが、イーペルの夜に踊りまくる!ハシゴを外して宙乗りアクロバット、ワイヤーが闇に溶けて、本当に空で踊っているように見えて、最高なのだ……。

ここでうっとりしていると、その瞬間に、スクリーンから花火が!!!

スクリーンから放たれる花火の下で、羽ダンサーちゃんが、傘を持って踊っていて可愛い……!!! これは写真を見るまでわからなかった。サークル状に吹き出す花火は、王冠のようだ。スマホで撮ったこの夜の写真は、確かに雄弁で、綺麗なのだけれど、写真や映像では伝えきれないものが絶対にある。猫祭りに行くなら、イーペル泊で前夜祭をセットで楽しむことをおすすめします。

2024.5.11

イーペル

いま思い出してもぶわっとエモーショナルになってしまうのは、予測不能で、何が起こるかわからないエンターテインメントショーだったからだ。加えて、その開催年によって演出が変わる可能性が高いので、やはり毎回猫祭りに行きたくなってしまう。
終演後、空で踊っていたキャストは地上に降りてきていて、興奮して写真を撮らせてもらったが、興奮のあまり写真は見事にブレていた。けれど、童心に返ったようなファンタスティックな夜だった。

帰り道、足元を見ると降り注いだ紙吹雪が、花の形だった。赤とピンクの花びらを拾って帰宅。帰るや否や、カロリンさんに「ショー、すごかった！とても驚いた！ビックファイヤーワークス！」と子供みたいな報告。うまく説明ができないので、スマホで動画を見てもらう。「すごく綺麗ね！！お腹は空いている？チリコンカンがあるわよ」とカロリンさん。ペロリと平らげると、「これはWi-Fiのパスワードよ」と、メモを渡される。美味しいチリコンカンの後のデザートは、温かい手書きのパスワードだった。ありがたい気持ちで眠る。明日はいよいよ、猫祭りの本番だ。

65

2024.5.12　　　猫祭り当日

カロリンさんと朝食をいただきながら、今日の予定を確認。「ディディは、猫のメーキャップができるけど、あなたもしてもらう？」と言われたのだけど、これは……悩む。わたしのポテンシャルでは、顔の平たい中年猫になってしまうかも？？？とビビり、辞退してしまった。思い出にメイクをお願いすべきだったなあ。
カロリンさんは、「今日の夜はベルギーの家庭料理を作りますからね」とのことで、今夜も帰宅後に楽しみが待っている。

今日は、14時から企業のプロモーションパレード、15時から伝統の猫パレード、猫パレードのあとに、鐘楼から猫のぬいぐるみを投げる「猫投げ」の順で閉幕。

プロモーションパレードまで時間があるので、
昨日に続き街歩き。

猫祭り本番なので、「サムシングキャット」として、
石黒亜矢子さんの化け猫シューズを履いた。

2024.5.12

イーペル

ベレー帽には、BOIJOUXの猫ブローチを
つけて、猫祭りへ出発。

繊維会館に向かう途中で、またもや昨日の
ボストンからの猫好きカップルさんに出会
う。何万人も集まるお祭りの中で再会でき
るなんて嬉しすぎる。

「こんにちは！昨日はありがとう、今日もとても可愛いですね！」と話しかけると、わたしを
覚えてくれていた。2人とも昨日に増して猫ファッションだった。ねこねこワンピース＆ねこ
タコシャツ、最高な2人だ。

何回見ても彼のカチューシャが可愛いの
で、絶対に買わなくちゃ！と昨日買いそび
れたお土産屋さんで猫カチューシャを捕
獲。最後の1匹だった。

やはり猫祭りに参加するなら、なにか1つ
猫モチーフを身につけるといっそう楽しくな
ること間違いない！

昨日出会った猫柄の帯をつけた着物姿の
お姉さんは、今日はまた違う着物を着ると
言っていたし、観客のさまざまな猫アイテム
を見るのも楽しみの1つだ。

67

チョコレートショップ前のBOIJOUXの販売ブースへ。
ディディさんが、歴代の「Ieper Kattenstoet（イーペル猫祭り）」のパンフレットを見せてくれた。デザインが毎回凝っていて、少ない配色で描かれたビジュアルが、たまらなく素晴らしい。

チョコレートショップのカーロさんにも挨拶する。「昨日、日本人のお客さんからこれをプレゼントされたんだ〜」と見せてくれたのは、招き猫の手ぬぐい。
梨園染のシールがついていて、戸田屋商店さんのものとすぐわかった。
注染の技法で染められた手ぬぐいは裏表がなく、どちらの面を使っても、右手はお金、左手は人の縁を運んでくれる柄で、とても縁起が良い。わたしが持つ全ての英語力を使って「いいものだよ〜」と伝えてみた。

2024.5.12

イーペル

カーロさんのお店で猫の形のチョコとメロケーキを買ったので、割れないように一旦帰宅。パレードの順路では場所取りが始まっていた。

チョコを無事部屋に置いてから、パレード中にフリッツを食べようと思い、ディディさんおすすめのCatpeopleへ。揚げたてをテイクアウト。出来上がる工程を見るのもいい時間です。

スタンド席へ移動して、黒猫カチューシャをセット。パレードを眺める。プロモーションパレードは、企業の宣伝でもあり、ノベルティの配布と共に、たくさんのキャンディが客席に投げられる。投げるのが上手な人、ちょっと下手な人、親切な投げ方の人、色々いるのだが、手を挙げて「ちょうだい〜」とアピールするともらえる確率があがる。

アメの雨をたくさん浴びていると、知らないうちにバッグの中にアメが入ってくる。

アメキャッチではしゃいでいると、「これあげるわね……」と左隣のおばあちゃんがアメを差し出してくれた。「ありがとうございます！」と元気にお礼を言うと、マダムは膝の上にキャンディが落ちてくるたびに、毎回わたしにキャンディをくれるようになってしまった。

14時からのプロモーションパレードは、ポテトをのせた冷凍ポテトの会社や、猫CAR仕様の自動車販売店などが続々と現れる。キャンディの他にもビールの栓抜きなどが降ってくるので、キャッチするのがなかなか面白い。

15時、伝統的な猫祭りのパレードが始まる。プレートを持つ人たちも猫のメーキャップ。

地元の皆さんが扮するパレードで、老若男女が参加しているところがとても好きです。

2024.5.12

イーペル

鼓笛隊の演奏でパレードがスタート。黒猫に扮する子供たちのダンス。

歴史上の猫。

エジプト時代の猫。

ケルト時代の猫と、大きな山車が、通りを練り歩く。

今年は晴天に恵まれ、青空に大きな山車が映える。

71

イーペル！

破壊された神殿。

魔女たちの不穏な空気。

赤い怒りにつつまれる猫車。怒りの太鼓を打ち鳴らす。

歴史都市イーペル。

犬と猫の闘争。

ベルギーのナショナルカラーの竹馬チーム。

2024.5.12

イーペル

中世の貴族や当時の人々の暮らしを表すパレード。

十字軍。

平和都市イーペル。

73

ルシャとムスティ。

大きな猫の葬式。

ポールダンス。

ネズミダンサーズ。

74

そしていよいよ、鼓笛隊のあとに、シープルとミネケ・プスの登場。オレンジとグリーンのトラネコダンサーズが先導し、帽子をかぶった王様シープルは、胸にポピーをつけている。高さ6mといわれる大きな山車で、お付きの人間も帽子に燕尾服で練り歩く。

イーペル

75

2024.5.12

シープルの後ろには、カラフルな道化師のコスチュームのグループが登場。わたしの読みでは器械体操クラブ？の皆さん。軽い助走をつけると、倒立したり、側転したり、体の軽さに驚かされる。次に、赤と白のコスチュームの道化師たち。コスチュームにたくさんの鈴がついていて、歩き踊ると音が鳴り響く。

続いて、スタイル抜群の足長猫たち。彼らは2018年に生まれた、シープルとミネケ・プスの子供たち。動きが軽やかで小顔の可愛い五つ子です。

Bas　　　　Snoezie　　　　Bert　Neko　Mimi

五つ子は左から、白い帽子のBas、まつ毛の長い黒猫Snoezie、メガネのBert、シルクハットのNeko、白猫Mimi。「Neko」は日本の「ねこ」から命名されているのかな？

そしていよいよ、王妃様ミネケ・プスの登場だ。青空を背負って現れた優雅なミネケ・プスのドレスには、繊維会館が描かれている。大きい！

イーペル

ミネケ・プスが着用している赤いジャケットは、たくさんのポピーの花が集まってできている。ポピーの花には、戦没者への追悼の意味が込められている。イーペルは、かつて世界大戦で何度も毒ガスが使用された地で、多くの人々が命を落とした。街は攻撃で廃墟となり、度重なる戦禍でたくさんのものを失った。

ミネケ・プスの赤いジャケットを見ると、美しさへの感動と同時に哀悼の気持ちがわき上がる。力強く咲くポピーの数だけ、亡くなった人たちがいると思うと、この「猫祭り」というイベントが、追悼と復興、平和のためのパレードであることを実感する。

ミネケ・プスの王冠は、黒猫が集まっているデザイン。可愛さの中に、かつて塔から投げられたかもしれない黒猫の物語を想うと、王冠になれて、浮かばれたなぁ、良かったなぁ。

わたしは現地の言葉がわからないので、理解度が深くないかもしれないけれど、3年に一度、こうやって地元の皆さんが一丸となってパレードを開催し、次の世代へ文化や歴史を伝えていく大切さを身に染みて感じます。

最初、猫祭りに行こうとしたきっかけは「ああ、猫！可愛い」というシンプルな動機だった。それが戦争の傷痕について考えるようになったのには、2009年にイーペルに向かう列車の中で出会った、日本人男性の存在がある。彼は、地雷を取り外したり、爆破の指導をしていると話していた。
「わたしは猫祭りを見に行くんです」と言ったら
「イーペルにそんなのあるんですか??」と猫祭りのことはご存じないようだった。15年前のことだが、猫祭りに向かう列車に乗るたび、あの人のことを思い出す。地雷のない世界になるように願う。

2024.5.12

イーペル

今回のパレードの終わりには、長年監督をつとめていたバートさんの記念フロートが登場した。2015年のパレードの時、友達と地べたに座って魔女の火あぶりを見ていたら、「前で見ていいよ！」と声をかけてくれたおじさんがバートさんで、彼が総合監督だと知ったのはNHKの「世界で一番美しい瞬間 〜7000匹の猫が街にあふれるとき　ベルギー・イーペル〜」だった。

バートさん、とても親切なお方でした。お疲れ様でした。

記念フロートには、歴代の猫祭りのビジュアルがずらりと並べられていた。次回からは新しい演出家さんになるそうなので、「また行かないと……！」という気持ちになる。次回のパレードは、2027年の5月9日だ。

イーペル猫祭り 公式サイト　https://kattenstoet.be/

79

パレードが終わると、通称「猫投げ」の時間だ。

かつて魔女狩りの時代に、魔女の手先と称された猫たちが、繊維会館の高い塔の上から次々と投げられ、処分された。繊維の街であるイーペルで、ネズミ退治のために飼っていた猫を、しかも大活躍していたはずの猫を自分たちの潔白を証明するために投げるなんて、さぞ心が痛かったことだろう。

この投げられた猫たちの悲しい歴史が、いまは人々を幸せにするお祭りに昇華されていることに、平和を感じる。現在、鐘楼から投げられるのは「猫のぬいぐるみ」。これをキャッチした人には、幸せが訪れると言われている。「猫」を投げるのは、赤と白のコスチュームを着たCity Jester、道化師だ。彼はもう30年もこの役目を務めているそう。

Jesterとは、中世、貴族を楽しませるために雇われたエンターテイナーのこと。だから「猫投げ」で観衆の心を盛り上げることに、ものすごく長けている。言葉を発さずに「猫がほしいかーい!?」「右いくぞー!!」「でもいかない」「左にいくぞー!」「といいつつセンターにポトリと落としちゃうよ!」等々、ジェスチャーで楽しませてくれる。

City Jester

2024.5.12

イーペル

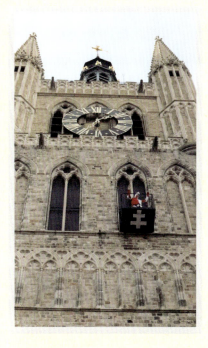

当日の風向きと、Jesterの腕力によるが、猫が飛んで来るかも！というワクワク感は相当だ。大小のぬいぐるみがあって、それぞれ何体も投げてくれるのだが、「幸せをつかみたい！」という屈強なヨーロッパ男性と取り合うことにもなるので、本当にケガに注意してほしい。このぬいぐるみはお土産として買えますから！たくさんのぬいぐるみの中から、自分の好きな顔を見つけてくださいね。

わたしは今回、猫祭りの記録を写真で残したかったので、ぬいぐるみキャッチには参加しなかった。猫投げ中、カチューシャをつけている猫耳カップルがいたので、「後ろ姿の写真を撮っていいですか？」と聞いたところ、返事はNG。それなら仕方ないので、諦めて投げられて空飛ぶ猫の写真を撮影していると、なんと、そのカップルの彼氏さんが、猫のぬいぐるみをゲットして戻ってきた。周りのみんなも「すごいねーーー！」となり、彼女さんも嬉しそう。もう一度、「わたしは初めてラッキーキャットをゲットした人を間近で見ました。良かったら、ぬいぐるみの写真だけでも撮影させてもらえませんか？」とお願いすると、2人は猫のぬいぐるみを持っている手元を撮影させてくれた。

ついでに、わたしのノーマルキャットも一緒に撮影させてもらう。（手前がノーマル）
よく見ると少し顔の表情が違う。そこが、人間ぽい感じで好き。シープルと同じく、緑色の目をしています。

2024.5.12

イーペル

毎年、猫投げで猫をゲットすることはないので「お祭りが終わっちゃったなあ」という気持ちの帰り道なのだが、今年は幸せのお裾分けをもらったようなホクホクした気持ちで、急にアイスクリームを食べたくなった。

道化師をイメージして、白のレモン味「CITROEN」と赤のラズベリー味「FRAMBOOS」を選んだ。ダブルのアイスクリームに、ワッフルのトッピング。

アイスクリーム屋の
店員さんも猫

店員さんも猫フェイス。可愛いね。興奮のあとのアイスクリームはとてもとても美味しかった。

2024.5.12

お土産屋さんで最後の最後に小さな猫のぬいぐるみを買おうとしていたら、横から日本語が聞こえてきた。「たくさん猫ちゃんを売ってるね〜この猫ちゃんと一緒だ」
3人家族のお嬢さんが一番小さいサイズのぬいぐるみを持っていた。「小さいのも可愛いですね」と話しかけると、「パレードでキャッチしたんだよ！飛んできたから、サッ！て取ったの！」とのこと。

またもやラッキーキャットのお導き。「もし良かったら、そのラッキーキャットの写真を撮らせてもらえませんか？」とお願いすると、「もちろんいいですよ」とお母様。
ここでも、幸せのお裾分けをいただいた。お嬢さんのワンピースも猫柄だった。

21:30。まだこんなに明るいけれど、さっきまでのにぎやかな景色が、のどかな街に変わりはじめていた。

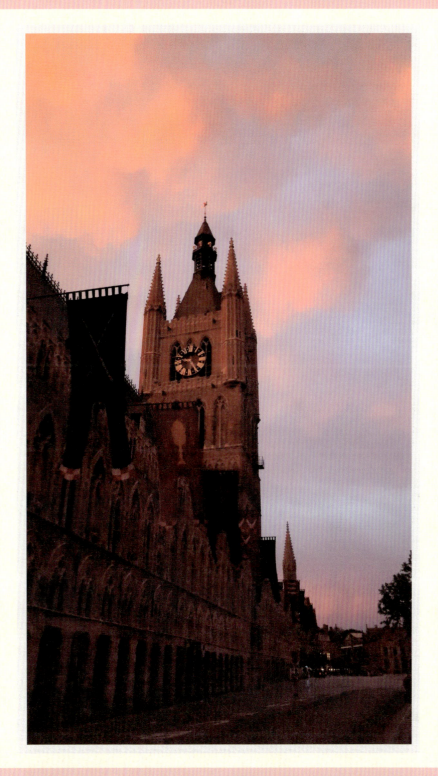

イーペル

たくさんの猫たちはきっと、それぞれの家に帰ったことだろう。
この日の空は不思議な色をしていて、どこかでオーロラが見えたらしい、という話を聞いた。夢のような2日間が終わったけれど、次は普段のイーペルを歩いてみたいと思う夜だった。

家に戻ると、カロリンさんが迎えてくれて、今夜はベルギーの家庭料理である、豚ほほ肉のビール煮を作ってくれていた。ディディさんの不在の理由を聞くと「いま、美味しい買い物に行っているわ」とのこと。数分後、ディディさんが抱えて帰ってきたのは、揚げたてのフリッツだった。フリッツはベルギーのフライドポテト。

2024.5.12

イーペル

大きなボウルにフリッツを盛り付けて、「さあ召し上がれ」。
サラダとシチューとフリッツにマヨネーズ。煮込まれてホロホロのお肉、フリッツはそのまま食べても、シチューのソースをつけても、マヨネーズでも美味しい。3人で猫祭りの感想を話しながら、夕食をいただいた。ディディさんはイベント後も忙しそうで、さすが地元っ子。

le chocolat du jour

イーペルのチョコめぐりノート　その1

Vandaele

猫祭りの街、イーペルで出会える猫型のチョコとメロケーキ。カーロさんの笑顔も最高。
Grote Markt 9, 8900 Ieper、ベルギー

https://www.vandaele-ieper.be

メロケーキは、クッキー生地の上にマシュマロを絞り、チョコレートでコーティングしたお菓子。かじるとチョコレートの層の下に隠れたマシュマロと、クッキーの食感が相まって美味しい。サイズが大きいので満足感あり。

87

2024.5.13　　イーペルをドライブ

朝からクレモンティンが可愛すぎて仕方がない。おとなしくて人懐こい、美しい猫。ぬいぐるみと一緒に写真を撮らせてもらう、朝のフォトセッション。
この日は「本当のイーペルの暮らしを体験しましょうね」ということで、ディディさんの運転でイーペル近郊をドライブすることになった。
ブドウの丘には、ワインになるブドウの木が植わっている。日当たりの良さそうな土地に、ワインボトルの標識と、ダンディなディディさん。
夏になったらたくさんのブドウの房がなるのだろうと想像した。

2024.5.13

イーペル

車はローカルな道をどんどん走っていく。緑が多くて、実家・群馬の風景が頭をよぎる。お店がなくて、緑の中に民家。そして、住んでいる人は「自分のとっておきの景色」を持っている。

次にディディさんが案内してくれたのは、軍用墓地だった。現在ここには、1917年から1918年に亡くなった第一次世界大戦のイギリス連邦軍の兵士のお墓がある。個人名がわかるお墓が多い中で、身元不明で名前のない兵士のお墓もあった。

そのお墓には「KNOWN UNTO GOD」と刻まれている。「神のみぞ知る」そういう意味だけれど、この故人の生きざまを神様が見てくれているに違いない。ここに来た人は皆、この名前のない兵士のことを想うことだろう。

お墓は綺麗に手入れがされていて、小さな花が咲いていた。空はとても高く、青かった。

2024.5.13

イーペル

次に車が停まったのは、無人野菜販売所。新鮮で美味しい野菜を買えるそうで、黒板に野菜の種類と値段が書いてある。かろうじて、ブロッコリー（たぶん）シャンピニオン（たぶん）パプリカ（たぶん）トマト（たぶん）はわかった。少しでも字が読めると嬉しくなる。ディディさんとカロリンさんは冷蔵庫の中から野菜を選んでいく。買うものが決まると、黒板に購入品の明細を書いて、お金を置いていく。

壁に、昔の飼い猫だろうか、猫の写真が飾られていてここでも猫。無人販売所なのに、なぜか人の気配があるのがとても好きになった。いちごの看板がとてもいい。

イーペルではタコの目印をよく見かけた。これは幼稚園を表す目印らしく、あまりの可愛さにたくさん写真を撮ってしまった。そのため2人は幼稚園の近くを通るたび、わたしに「ほら！タコだよ」と教えてくれるようになった。

車は丘からポペリンゲという町のベルギーのスーパーマーケットDELHAIZEへ。「ベルギーに来たのだから、ベルギーのスーパーマーケットに行きましょ！スーパーにもスーパーのチョコがあるからね」と親切なチョコめぐりが始まる。カロリンさんは、わたしがベルギーチョコを集めているのを覚えていてくれたのだ。

わたしはスーパーマーケットでパッケージを見るのが大好きなので、ベルギーのデザインの可愛さを目に焼き付ける。ディディさんは、「次に来た時はこう作るんだよ」と、ジュースマシンでのフレッシュジュースの作り方を教えてくれて、またここに来たいなあと心から思ったのだった。

2024.5.13

イーペル

帰宅後は、お留守番をしていたクレモンティン嬢のブラッシングをさせていただいた。

夕食は、近所のレストランOlijfjeで、皆でご飯を囲んだ。グリルミックスやクスクス、全部美味しかった。オーナーのモモさんはフレンドリーで、猫のボトルと一緒にいい笑顔。

ホームステイ最後の夜は、翌日の電車の時間を2人と確認し、手書きでメモを書いてもらう。「初めて会ったのに、毎日とても親切にしてくれてありがとう」とお礼を言うと、「わたしたちは初めて会ったけど、ここ3年間のやりとりで大丈夫な人だってことがわかったのが良かったね。もしかしたら悪い人かもしれないから！お互い！」とお茶目に笑った。
カロリンさんから、「これは、我が家にストックしている、わたしの好きなチョコ」とCôte d'Orのチョコをいただいた。「好きなだけ袋に入れていってね」と、大きいジップ袋を渡された。最後まで優しく穏やかなイーペルの夜だった。

le chocolat du jour

イーペルのチョコめぐりノート　その2

Côte d'Or

カロリンさんがくれた家チョコ。家に常備されているそう。
包み紙のチョコは、チョコの中にキャラメルが入っている。
サイズが大きいので、食べている間は話せない。

95

2024.5.14　　　イーペル最後の日

パン・オ・ショコラの朝御飯をいただき、出発までの時間は、BOIJOUXのアトリエでストックを見せていただく。スケートボードから作った指輪やピアスが楽しくて可愛い。指につけると温度で色が変わる指輪をプレゼントしてくれた。お守りがわりに大切にする。

リビングで、ディディさんとカロリンさんの写真を撮影させてもらったのだけれど、「そうだ、クレモンティンも一緒に！」ということで可愛らしい家族の3ショット。腕から飛び出すクレモンティン、カメラ目線のクレモンティン、いろんな写真が撮れた。

2024.5.14

イーペル〜ヘント

「また、必ずここに来ます」と約束して、名残惜しい気持ちの中、ディディさんの運転でイーペル駅へ。ディディさんは最後まで道中を心配してくれて「いま横断歩道にいる女性は、きっと日本人だから、あの人と電車に乗ると良いよ」とアドバイスしてくれた。
車を降りてハグをして別れると、切符売場でちょうど彼女と遭遇し、一緒にヘントまで向かうことに。本当に日本人の方だった。

ヘントまでの1時間、久々の日本語が、すごい勢いで口から溢れたのは間違いない。4日間どうにか英語で生活できてた……！としみじみした。
ヘントの駅でKさんと別れて、彼女はホテルへ。わたしはチョコレート屋さんを探す旅へ。

しかし、重いスーツケースでのチョコ探しは得策ではない。駅のコインロッカーに預けようとしたらXLサイズの値段は13.5ユーロ。なんと、日本円で2330円ということで、ややひるんだけれど、エイヤッとロッカーの中へ荷物を押し込んで、街歩きに出発。

97

この日はアントワープに泊まるため、半日観光になってしまうが、ヘントでの目標は友達との思い出の店を探すことだった。2015年に、わたしは友人テルちゃんと2人で猫祭りを楽しんだ。その時にヘントに宿泊。駅前で偶然入ったパン屋さんがとても美味しく、次の日に訪ねたら休業日だったりして、また行きたい！という想いが胸に残っていた。テルちゃんとも、いつか再訪したいねと話していたのだが、ある日Googleマップを見ると、閉店とあった。すごく残念だったが、現在は移転してチョコレート屋さんを始めたらしいので、ぜひそのチョコを食べてみたい。
そのお店の名前はChocolaterie Vandenbouhede。

たった一度しか食べたことないお店を探すヘントめぐり。いまはGoogleマップがあるから、楽々検索。便利な世の中になった。わたしはとても方向音痴なので、事前にGoogleマップでお店への経路を登録して、星印にむかって意気揚々と歩き出す。
お店につくと、え……パンを売ってる！
「わあ！パンだ！」あまりの嬉しさに、店員さんに「移転する前からこの店のファンでした！9年前にここのパンを食べたんです、わたしと友達の思い出の味です！」と熱く話しかけた。興奮のままパンとコーヒーをオーダーし、店内のイートインで悦に入る。生クリームが入った甘いパンが美味しい。

「コーヒーととても合うな〜、コーヒーはいいよなぁ〜」と思ってのんびりしていたが、数分後、わたしは、はた、と気づいた。
「アレ、ワタシ、チョコレート屋サンニ イクンジャナカッタッケ？？？？」
はい、間違えていました。完全に別の店でした。思い入れがある店なのに、そんな間違うことがあるか？とお思いでしょうが、本当に間違えたようです。あんなに熱く話しかけ、感慨に浸りまくったこのお店は、思い出の店ではなかった。恥ずかしすぎる、バカすぎる。

2024.5.14

店名をよく見ると、店名のvanしか文字が合っていない……。もうだめだ。自分が信じられない。
ゴールに着いたと思いきや、まさかのタイムロスが発生。もう一度Googleマップで正しいお店を検索し、わたしとテルちゃんの友情の証でもあるチョコレート屋さんを目指す。

不思議なもので、甘いものを食べた後というのはしょっぱいものを食べたくなる。ナビの指示通りに歩きながら、しょっぱい味の何かでバランスを取りたいと思っていたところに、美味しそうなお店AULAが現れた。

ショーウインドウから見えるお弁当も、おかずも美味しそう。店の中に入ると、作りたてのサンドイッチを買える売場がある。お客さんがオーダーする姿を見ているだけで楽しい。ローストビーフ、エビ、ハム、チキン、サーモン、ツナ、たくさんの具の種類がある中で、わたしは好物の卵サラダを頼んだ。
店員さんがバゲットにナイフでザクザクと切れ目を入れ、卵サラダをめいっぱい詰め込む。「具の追加はする？」と聞かれて「い、イエス！」。追加の野菜もバゲットにはさみ、包み紙でラッピングしてもらうと、できたてバゲットサンドの完成。
これに加えて、これからの旅で必要となるであろう、大きなペットボトルの水を買い、外のテラス席でサンドイッチにかじりついた。

99

「本当に美味しい！わたしの好きな味だ……」ホテルで食べる夜御飯も、このサンドイッチがいいと思い始める。サンドイッチをかじりながらインターネットでこの店を調べてみると、AULAは「肉屋さん」と出てきた。「肉屋さんだったらお肉系の具にしよう」と、２回目のサンドイッチはハムサラダを購入し、ようやくチョコめぐり再開。途中で友達に似合いそうな服屋さんを発見してしまい、思わず写真をLINEで送る。サイズ的にわたしは着られないけど、すべてが可愛かった！Seventy One Ghent というお店。

旅先ではこうやって友達の顔がことあるごとに浮かび上がってくるから不思議だ。寂しい、とかではなく、ビールを見たらビール好きな友達が、文房具を見たら文房具好きな友達が浮かんでくる。「あの子がこれ見たらどんなことを思うだろう」という気持ちになる。

ようやくたどり着いた Chocolaterie Vandenbouhede には、ショーケースにたくさんの美しいチョコが並べられていた。まるで財宝にたどり着いたような気分だった。わたしは約束の地に来られたことがとても嬉しく、９年分の思いが高まる。今度こそは間違いなく、あの時のパンが美味しかったことをスタッフさんに伝えることができた。自己満足かもしれないが、わたしが満足できるなら、上等の旅だ。テルちゃんにはどのチョコを買おうかと悩んでいたら、「Try Me」の札が出ている試食チョコがあり、これが、美味しいのなんの。マンゴー味のチョコレートで、即購入。店員さんも親切で、人気の味やおすすめを教えてくれた。優柔不断なわたしにゆっくりと付き合ってくれてありがたい。チョコのカタログをもらったので、食べる時にいっそう楽しくなりそう。ベルギーでチョコを買う時は、商品カタログをもらうのをおすすめします！どんな味だったか、どんな素材の組み合わせだったかを翻訳アプリで調べるのも旅の味の思い出になります。

2024.5.14

ヘント

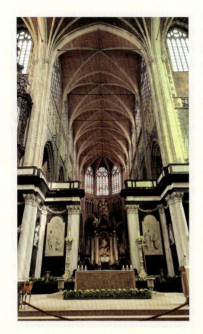

ヘントのチョコめぐり中にいきなり街中に出てくるウサギ。その奥にはキツネ。夜にアントワープに移動するのが少しだけ惜しくなってきて、こういう時に「また来よう！」と毎度思うわたしだが、絶対に戻ってくる。なぜなら、2027年の猫祭りがあるから……。
ヘントでのチョコめぐり2軒目は、お店のマダムがとても優しい Daskalidès でチョコを買った。「おすすめを教えてください」と言うと、丁寧に「わたしはこれね」と教えてくれた。

その次に立ち寄ったのは Chocolatier Van Hoorebeke。先客がお店の人と楽しそうに話し込んでいるなぁ……と思いながら店内に入ると、その人は 電車でご一緒したKさんだった。なんという偶然。店内はとても雰囲気が良く、高級感がありながら居心地の良い佇まいだった。
今回はチョコに加え、チョコスプレッドを購入してみる。わたしは焼き菓子にチョコが絡んでいる物に目がないので、このスプレッドにビスケットやクッキーをディップしたい。

閉店直前の買い物だったため、スプレッドは最後の1個をゲットする。お店で再会したKさんと夕御飯を食べよう、ということになり、運河沿いのお店へ。Kさんは、クリームソースのお魚料理に、フリッツつき。わたしはエビ料理のプレートを頼んで、めちゃくちゃ美味しかったのだが、少々盛りがお上品。わたしのお腹に足りるわけがなかった。Kさんが「フリッツ食べてね！」と言ってくれたので、お言葉に甘えてたくさん食べさせてもらった。今回の旅では、お料理のシェアをできると思っていなかったので、ありがたい思い出となった。ベルギービールも飲んだ。

2024.5.14

ヘント

まだ空は夕方のような色だが、もう21時すぎ。ここから1時間電車に乗ってアントワープへ移動する。コインロッカーでドデカい荷物をピックアップし、一人列車に乗り込む。
22時をすぎて到着した、夜のアントワープ駅の美しさといったら、格別だった。昼間ももちろん素敵だけど、夜の荘厳な駅舎。ずっと眺めていたい。

今夜のホテルはとにかく駅から近い。重たい荷物を持って夜道を歩くことを考え、最短距離＆最短時間で到着するホテルにした。四つ星ホテルとのことだったが、なぜか部屋にコバエがいて、「思いきって四つ星にしたのに!!! 何でだ！」という憤怒の気持ちが増す。このホテルには2泊し、部屋に戻るたびコバエと戦っていた。奴らがいなければ最高だったのに……。

le chocolat du jour

ヘントのチョコめぐりノート

Chocolaterie Vandenbouhede

口内で弾ける果汁とチョコの組み合わせが楽しい、友達との思い出のチョコ。
Mageleinstraat 46, 9000 Gent, ベルギー

https://www.chocolaterie-vandenbouhede.be/fr/

Chocolatier Van Hoorebeke

現地ではチョコを食べ、お土産にはチョコレートスプレッドもおすすめ。
Sint-Baafsplein 15, 9000 Gent, ベルギー

http://www.chocolatesvanhoorebeke.be/

Daskalidès

お店のマダムが親切だった。カフェ併設の老舗の味。
Henegouwenstraat 1, 9000 Gent, ベルギー

http://daskalides.be/

Tailored Flavours by Magelein

チョコとナッツのお店。メロケーキは塩キャラメルとダークを食べた。
Mageleinstraat 21, 9000 Gent, ベルギー

http://www.tailoredflavours.be/

2024.5.15　アントワープ大聖堂へ

コバエとの戦いのあと、ぐっすり眠って、冷蔵庫にいれておいた昨日のAULAのハムサラダのサンドイッチを食べる。翌日でも美味しい。ああ、またヘントに行きたいなぁ。
この日の予定は、『フランダースの犬』で有名な大聖堂に向かうことと、カロリンさんが教えてくれたおすすめのチョコレート屋さんに行くこと。

と、その前に。大聖堂までの道中で、アイスクリーム屋さんAustralianを見つけた。昨日、Kさんがヘントで「ここのアイスクリームめちゃくちゃ美味しいから食べてみてね、ベルギーチョコだからね！」と教えてくれた店。食べないわけにはいかない。
ということで、チョコとピスタチオのダブルをいただく。大きいワッフルがどーんとトッピングされ、一気に浮かれモードに。

なぜシングルにしなかったのか？というくらい大きいのだが、わたしの胃袋も大きいので大丈夫だ！お友達と旅をするなら、シェアするのもいいかも。

アイスクリームを完食して大聖堂に向かうと、なんと今日は13時でクローズとのこと。
大聖堂の前にあるネロとパトラッシュの彫刻を眺めるしかない。この斬新な石畳の掛け布団で眠っている彫像は、可愛らしい表情をしているのだが、次から次へと子供たちが背中に乗ってくるので、写真を撮るタイミングが少し難しい。また来るねパトラッシュ……ということで、ホテルに向かいながらチョコレート屋さんめぐりに向かう。

途中で見つけたのは素敵な本屋さん Bookz & Booze Antwerpen。
さまざまな国の書籍とお酒のボトルがコーディネートされていて、センスが溢れるお店だ。
オーナーさんも和やかで、ディスプレイの説明をしてくれる。
わたしが日本人だということがわかると、翻訳された和書のコーナーも見せてくれた。今回わたしは「猫の旅」をしているので、『Cat』という本を買った。

2024.5.15

アントワープ

オーナーさんにあいさつをし、カロリンさんが教えてくれた、The Chocolate Line へ向かう。

Chocolate is rock'n roll !! というパンチの利いたキャッチコピーと、オーナー親子のロックな佇まいがすごい。それなのに店内に入ると宮殿のような華やかさ、優雅な内装とチョコレートの共演がなんともゴージャスな雰囲気だ。この建物はかつてナポレオンの宮殿だったそう。紫と金のカンパニーカラーがとてもかっこ良く、チョコも気になるメニューがたくさんあった。

ワクワクさせる食べ物っていいなぁ！と思わせる商品作りとチョコだった。

街で見つけた今日の猫

107

帰りに昼のアントワープ駅を見に、前から入ってみたかった駅ナカのカフェへ。
豪華絢爛なカフェ Le Royal café は高貴なお方たちの待合室として使われていた場所とのことで、とにかく優雅だ。正直「もっといい服を着てくれば良かった！」と反省した。
わたしは一人旅の時はあまりお酒を飲まないのだが、ここではビールを頼んでみた。可愛い感じのフルーツビール。「Blanche de Namur Rose」はラズベリーの風味の白ビールで、アルコール度数3.4パーセント。グラスに注ぐと……
手酌が下手すぎて凹んだが、とても綺麗なピンク色で、貴婦人のような気持ちになれるのでおすすめ。もちろんゴージャスなブラウン、ゴールドイエローのビールも室内の雰囲気とぴったり。

2024.5.15

本日もチョコを食べながらの街歩きなので、ビールについてくるチーズ味のコーンスナックの塩味が更に美味しく感じられる。ベルギーの旅は、甘×塩の美味しい連続だ。

この日の夕食はとうとうパッタイをチョイス。ちょうど旅の半ばで、アジアの味が食べたくなってきた。現地のレストランで外食も楽しいが、一人旅では、作りたてのテイクアウトメニューをホテルの部屋で食べるのもおつなものだ。ダラーッとした部屋着で食べるごはん、美味しくて、リラックスできる。
アントワープ駅近くのThai Wok Expressのパッタイは、麺とトッピングと、ソースが選べる。ソースにはそれぞれに地名がついていて、上海、ホットアジア、バンコク、サイゴン、バリ、東京。
醤油味の東京にしたら、その勢いで爆発的に口が日本食を欲してしまいそうだし、そもそもパッタイはタイの食べ物ではないのか???と、どれにしようか悩んでいると、「東京とバンコクのハーフもできるよ！」とのこと。2種類の味が食べられるんだ！と思って調理を見つめていたら、2種類のソースのミックスだった。そういうことか〜！味の食べ比べがしたかったな〜と思いながら、ホテルの部屋であぐらをかいて食べ始めたパッタイ。すみません、合わせ技がとてもとても最高でした。自分の思い込みを超える味体験は、美味しくて楽しい。久々のエスニックと醤油エキスに、もう明日も食べたいよ……となってしまった。

食後にロックなチョコを食べて、1日を仕上げる。明日はベルギー最後の日。チョコを入れたバッグが、本格的にずっしりと重くなってきた。

アントワープ

le chocolat du jour

アントワープで出会えるチョコ

16
Günther Watté

大人っぽい落ち着いた甘味とフレーバー。アントワープにしかないお店。
Steenhouwersvest 30, 2000 Antwerpen, ベルギー

http://www.watte.be/

17
The Chocolate Line

一口食べるとチョコに込められたアイデアが口内に溢れる。
Meir 50, 2000 Antwerpen, ベルギー

http://www.thechocolateline.be/

ANTWERPEN アントワープ

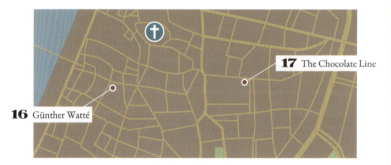

16 Günther Watté
17 The Chocolate Line

2024.5.16　アントワープからオランダへ

アントワープ

朝から大聖堂に向かうもあいにくの大雨で、今日も行こうと思っていたアイスクリームを食べる気持ちが湧かない。その代わりに、大聖堂でゆっくりすることに。ネロが見たかったルーベンスの絵を、じっくり鑑賞しようかな。外は雨だし、静かに旅の無事を祈ります。

この男の子はネロかなあ。

111

2024.5.16

アントワープ

雨が上がり、近くにある活版印刷の博物館も再訪したかったが電車の時間もあり、ホテルでスーツケースをピックアップして駅に向かう。駅前のオランダ系スーパーマーケット Albert Heijn で電車で食べるランチを買い込むことにした。

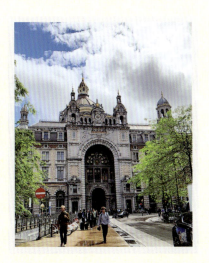

アントワープ駅から電車に乗ってアムステルダム、そこから1回乗り換えてアルクマールへ向かう。アルクマールには、オランダの恩人イングリッドさんとマーティンさんが、迎えに来てくれることになっている。

113

切符を買って、出発までしばしアントワープの美しい駅舎を眺める。何回来ても最高で、いままでの猫祭りの旅では、必ず立ち寄る場所になっている。駅のホームでは自転車ウェアのマダムに遭遇。「電車に乗って、着いたところで自転車に乗る旅よ」と話すマダムがとてもキラキラしていて、わたしも健脚のうちに自転車旅がしたくなった。

オランダの首都、アムステルダム行きの電車の二等席に乗り込み、アントワープ駅を出発。
電車内でサンドイッチタイム。駅前のAlbert Heijnで買ったパンにパテとチーズを挟んでサンドイッチにする。

好きなものを好きなだけ挟んでも「食べすぎだよ！」とか注意されない旅、それが一人旅。誰にも「まだ食べるの？」と言われない旅、それが一人旅。
昨日から塩味を求め始めたわたしの食欲が止まらず、サンドイッチはすぐ胃の中におさまった。あー美味しい。ほっとしたこのとき頭によぎったのは
「アレ、ワタシ、チャント イキサキヲ確認シテ 電車ニノッタッケ……？」だった。

2024.5.16

アントワープ

確認してないのかよ？と思うかもしれないが、わたしは日本でも乗り換えの電車を待っている時に、ボーッとしていると目の前に来た電車に乗ってしまうということがよくある……。もちろんアントワープでも確認したはずなのだが、正直自信がない。9年前の猫祭りでも友達とおしゃべりをしていたら終電で降りる駅を間違え、言葉もわからず、土地勘のない駅から、不安で震えながらタクシーで帰ったことがあった。今回スマホのGoogleマップ上では、アムステルダムの方向に向かっているから、安心して乗っていたのだが……。

出発してから30分ほどたち、マップ上はオランダへ入った。しかし、ブレダ駅に停まると、なんと列車が逆方向に動き出したのだ。
エッッッッ!!!! そんなことあるか?? ほんとはブレダで乗り換えだった？またアントワープに戻っちゃうの???と頭は混乱。
周りの人に「この列車はアムステルダムに行きますか?」と聞くも、みんな雰囲気が観光客の人たちで、「Yes」という言葉が頼りない……。

そうこうしているうちにGoogleマップが改めてアムステルダムの方向に動いていることがわかり、一安心。スイッチバックする駅だったのか……ブレダ!!
スイッチバックとは、本来急こう配の山道などを走る際に列車が急な斜面を、前後の向きを交互に変えてZ字形に上り下りすることなのだが、ブレダ駅でも、この「前後の進行方向が変わる」ということが起き、なにも知らなかったわたしは気が気じゃなかった。アムステルダムまであと1時間ちょっと。ホッとしながらチョコを食べる。美味しい。

少しずつオランダらしい景色になっていき、ロッテルダム、スキポール空港、終点アムステルダム中央駅へ。わたしの目的地は郊外のアルクマールだがアムステルダムまでの切符しか持っていないため、一旦改札を出る。オランダの電車は乗り越し精算ができないので注意。一旦有人改札を出て、クレジットカードをタッチして改札に入り直す。そこからアルクマールへ向かう。

アルクマール駅に着くと、イングリッドさんとマーティンさんが車で迎えに来てくれていた。大きなスーツケースを引きずっての再会だ。
「元気でしたか〜？」とイングリッドさんの元気で明るい日本語が聞こえ、ハグで再会。イングリッドさんはわたしと入れ替わりで電車に乗って仕事へ行くそうで、わたしはマーティンさんの運転で自宅に向かうことに。
今回の旅は、できるだけ英語で会話のやり取りを試みることにした。イングリッドさんが日本語が堪能なため、いままでの旅ではオランダにいても日本語しか話していなかった。旅の終わりには毎回「次は英語を勉強してきてくださいね〜」と言われていたのだが、毎回日本語でやり過ごしてきた。
今回の旅はたった1週間ほどではあるが、拙い英語だけで過ごしてきた。この勢いでオランダでも過ごせるのか……？？ わたしはマーティンさんに、キューケンホフ公園に行ったこと、猫祭りに行ってきたこと、ブリュッセルの電車で怖い思いをしたことなどを小学校1年生の絵日記のような言い方で、無理やり話しかけてみた。マーティンさんは穏やかに話を聞いて返事をしてくれて嬉しい。

スーパーマーケットに着くと「何が食べたいですかー？」と、マーティンさんが日本語で聞いてくれて、「チリでもパスタでも……とにかく、なんでもOK！」というので、普段自分ではあまり作らないパスタをチョイスさせてもらい、材料の買い出しが始まった。

スーパーマーケットでは、赤いTシャツを着たマーティンさんが赤い買い物かごを持ち、次々とパプリカ、トマト缶、ひき肉、赤玉ねぎと、赤い食材を集めていくのが絵本のようでなんだかよかった。
帰宅後、マーティンさんの「では、つくりましょー！」の声でクッキングがスタート。赤い食材を、赤いまな板で切っているのもやはり絵本の世界みたいだ。

2024.5.16

オランダ

高身長のオランダの皆さん用に作られたキッチンはかなりの高さがあり、身長167cmのわたしの腰を越える。この家のキッチンに立つたび、少しだけ子供の頃に戻る気がするのだった。中年だけど。マーティンさんが作ってくれたのはフジッリのボロネーゼ。トマトソースがフジッリの螺旋に絡んで、それだけでも美味しいのに、そこに、シュレッドチーズをかけて食べると、更に美味しい。いままで「茶色い食べ物は全部美味しい」と言っていたのだが、赤い食べ物も最高に美味しい。「マーティンさん、おかわりしても……?」と聞くと「Of course!」とパスタを盛ってくれる。2人でパスタをもりもり食べながらオランダのテレビを眺める夕食。夜になってイングリッドさんが帰宅し、テレビを見ていたら、アントワープで買ったチョコの、The Chocolate Lineのオーナー・ドミニクさんが映っていて楽しくなる。お土産を渡したり、これからの予定、近況報告のトークをして、就寝。

117

2024.5.17　オランダデイズ、スタート！

オランダの朝はパンとチーズとチョコふりかけで始まる。前々回のホームステイから、「朝食は各自のタイミングで」というスタイルになった。パンにはチーズ、そしてこのhagelslag（ハーゲルスラッハ）。これはパン専用のチョコレートフレークで、わたしは発音がうまくできないので「チョコふりかけ」と呼んでいる。バターを塗ったパンにかけたり、無糖のピーナッツクリームの上にかけても美味しい。どこのスーパーに行ってもいろんな種類のチョコふりかけが売られているので、オランダに行ったら要チェック。ベルギーからオランダに移動しても、わたしのチョコレートデイズは続いている。

2024.5.17

オランダ

この日は特に外出する予定がないので、3人とも在宅で仕事をすることに。わたしは朝食後、ほとんど寝巻きのまま、日中はiPadでイラストを描いて納品するという、日本と同じような1日を過ごした。旅と暮らしが地続きになった。「ごはんですよー！」と呼ばれたら階下に下りて皆で食事をするという、中学生に戻ったようなオランダデイズだ。

この日のランチはスタンポットというオランダ料理。マッシュしたジャガイモに刻んだエンダイブという葉もの野菜が入っている。盛り付けるときは真ん中をスプーンで少し窪ませたところにグレービーソースを入れる。必ずソーセージがついてきて、家族でソーセージをカットして、マスタードで食べる。わたしは前回、ジャガイモと玉ねぎ、ニンジンをマッシュしたフッツポットという料理をいただいた。とても好きなメニューだったので、今回のスタンポットも好きな味。塩気の効いたオランダのソーセージとマッシュしたジャガイモ、フレッシュエンダイブが、とても美味しかった。日本でも作れそう、と思うんだけど、このおうちで食べるのが美味しいんだよなあ。

食後、ゆっくりしていると、イングリッドさんが急に音楽をかけはじめた。
「この間、わたしはAIでこの曲をつくったんですよ」
なんでも、自分で作った歌詞に、AIがいい感じの曲をつけてくれるアプリがあるらしく、イングリッドさんは、ご両親の結婚記念日パーティーでもこの曲をプレゼントしたそう。自分が思いを込めた歌詞にメロディーがつくなんて、面白い計らいだと思ったし、この両親思いの粋なプレゼントは、わたしにはないアイデアだった。

119

2024.5.17

素敵な人柄だなぁ、としみじみしていると、「とみこはんの曲もありますよ」とのこと。
え？わたしの曲？曲が爆音で部屋中にかかると……正統派アイドルグループ風の曲調で「♪とみちゃん おはよう フレンドリーでかわいい 飛んでいくよオランダへ 世界中へ〜」と曲が始まって、びっくり。
「何これ〜！面白すぎる！」と最初は笑っていたのだけれどこんな歌のプレゼントは初めてで、わたしはとても感激してしまった。
「他にもあります、これは歌詞は英語ね」
というと、次々と「とみこの旅の曲」が流れ、K-POP風味の曲（ラップパートあり）とJAZZ風味のスウィング調のバラードも作ってくれていた。JAZZ風味のほうは、「もしわたしが死んだら、わたしの葬式で旅のスライドショーと共に、かけてもらおう……」と思うくらいのエンディング曲となっていて、渋すぎて皆で笑った。

あまりの嬉しさに、「わたしはAIソングを作ってくれたことがとても嬉しい、さぞご両親のパーティーでの歌のプレゼントは盛り上がったのでは？こういう素敵なアイデアをプレゼントできることがすごいと思うんだけど、あなたの子供たちはどう思っているの？ママってすごい！ってなりますよね？？？」と聞くと「それはぜひ、子供たちに会ったら聞いてみて下さい」とのこと。20日に会うのが楽しみになる。この歌のプレゼントは自分だけで持っているのがもったいなくて、すぐに妹や友達に送りつけた。

「爆笑したあと泣けてきた」
「笑いすぎてお腹下しそう」
「愛だね」
「なんだこれ、すごい！」
「覚えちゃいそう」
と返事が来た。

本当に感激してスマホに音源を保存し、いつでも聞けるようにした。名曲揃いなので、わたしに会うことがあったら、ぜひ聴いてやってください。

120

2024.5.18　オランダで和菓子に挑戦

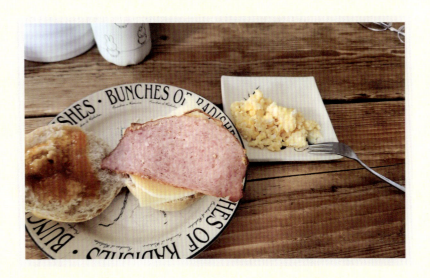

今日は朝御飯を食べてから、イングリッドさんと初めての和菓子づくりにチャレンジする。旅に出る前に、イングリッドさんから「和菓子のレシピ本を買ったので、自分で作ってみたい」という連絡があり、せっかくなので、トミつながりで、富澤商店でねりきりの材料を購入した。

和菓子の体験を楽しんでもらえるよう、余ったあんこを最中にしたらどうか、桜餅も作ったらどうか、など考えて買い物をしたら、2倍の重さになっていた。
わたしにとっても初めての和菓子づくりなので、事前に作り方を予習し臨んだ。電子レンジなしのレシピなので、上新粉と砂糖と水を鍋で熱して求肥を作るのだけれど、緊張のあまり「ほんとにこれでいいのかなー?」と慎重になり、思いの外時間がかかってしまった。
出来上がった求肥を白餡に混ぜて練り、作業しやすいように冷蔵庫で少し寝かす。

「イングリッドさん、2回目からはわたしはもっと早く作れると思うよ！」と言い訳しながらサンドイッチとブドウを食べる。イングリッドさんは「ハハハ、今日もいい経験ですね！」と言って笑っている。この明るさが太陽っぽい。

ランチ後は、ねりきりを成形。
イングリッドさんがオランダで食用カラーリングを買っておいてくれたので、白餡に少しずつ加えて着色する。どれも鮮やかで色が可愛い。白餡で作った生地は、粘土を扱うように成形し、それぞれの好みの形を作って楽しむ。

わたしの作ったチューリップはお尻みたいな仕上がりになってしまったけれど、白餡の中のこしあんに桜の花の塩漬けのフレークを仕込んであるので味は絶対に美味しいはず。しかし、やっぱり見た目がお尻。イングリッドさんは桃やお花の形を作って楽しんでいた。

2024.5.18

オランダ

夜にイングリッドさんの友人、クラウディアさんが来るので、和菓子は食後のデザートになる予定。クラウディアさんも朗らかで明るい女性だ。日本食も好きで、来日の際はクラウディアさんとイングリッドさんとわたしで新宿で沖縄料理を食べ、花園神社の酉の市にも行った。いつも笑顔が素敵で、こういう風に笑えるって良いなあと思う。毎回がベストショットの笑顔なのだ。夕食は、「マーティンさんお手製のhotpot」と聞いていたのだが、どうやら「味噌ちゃんこ」らしい……？

「今日はジャパンナイトですねー」とのんきに楽しみにしていたのだけれど、この味噌ちゃんこが本当に美味しかったのはもちろんのこと、ほうれん草のごま和えがめちゃくちゃ美味しかった。母のごま和えや亡くなった祖母のごま和えを思い出した。ここが実家だったら、わたしは間違いなくごま和えのお皿を一人で抱えて食べ尽くしていただろう。そのくらい日本だった。このごま和えの美味しさは、マーティンさんとイングリッドさんが日本で食べて美味しいと感じた味だと思うと、とても感慨深いし、再現度がすごい。

ちゃんこの鍋は2つに別れていて、サーモンの鍋と、牛肉のミートボール、おかわり鍋はチキンだった。白ご飯も用意してくれていて、ここは本当にオランダですか？というくらいの和食っぷり。〆のうどんもあり、満腹＆ハッピーディナー、いや日本の晩御飯であった。夕食後、庭に出てみんなでお茶会。「おーいお茶プレミアム」のティーバッグと共に、昼に作った和菓子の登場。クラウディアさんもとても喜んでくれて、みんなで実食。日没が21:30すぎなので、楽しい時間がより長く続く気がする。

今日の猫。

今日も歩けば猫に当たる。オランダではたくさんの猫に会える。

2024.5.19　ライデンで日本文化を知る

朝起きるとマーティンさんが昔のレコードを整理していて、いろんなジャケットを見せてもらう。「これは武道館でのライブですね」「これは童謡」など、たくさんのレコードのデザインを楽しむ。

3人でアルクマールのカフェへ。
「わたしはここのカフェで飲むコーヒーが一番好きです」と話すイングリッドさんの表情が今日も良い感じだ。
「この店が一番美味しい」ではなく「わたしが一番好きな味」という言い方をする人に、わたしはキュンとしてしまう。
友達のテルちゃんも、お菓子やパンをくれる時や料理が美味しい時に「これ、わたしがとても好きな味なんだよ」と言う。
友達の「好きな味」を教えてもらえて、共有できるのっていいなあと思うので、食事やおやつは大切な時間だ。カフェで休憩したあとは、わたしはライデンに向かう。去年から友達になったニコルちゃんとジャパンマルクトというイベントに行くことになっているので、昨日に続き、今日も日本を感じる1日になりそう。

ニコルちゃんは中国出身の明るく賢い女の子で、英語も日本語も堪能。日本のバラエティ番組についても詳しかったりする。「日本のお笑い番組は、面白いので覚えちゃいますね」と明るく日本語で話してくれるので、ニコルちゃんといるときは日本語でOK。ちなみに、イングリッドさんはライデン大学で日本語を学び、企業で通訳のお仕事もしている親日家なので、日本語で会話が成立する。ニコルちゃんと待ち合わせをしたライデン駅では、マイメロディの服を着たちびっこが走り回っていた。

ジャパンマルクトでは、運河沿いにたくさんの日本のお店が出て、アートや着物、食べ物、こけし、アンティーク、陶器、古本などが並んでいた。シーボルト博物館では空手の演武もあったようだ。

ニコルちゃんと、古本屋で昔の『週刊ポスト』『週刊新潮』『アサヒ芸能』などを立ち読み。パンチがありすぎる単語が並ぶ。オランダのアーティストさんが描いた猫の絵はがきを買った。歴史上の人物と猫が合わさった肖像画がかっこよくて面白い。

126

2024.5.19

ライデン

道端で可愛らしい猫ちゃんを見つけたりしているうちに、ニコルちゃんが連絡を取り、フローレンスさんと合流。フローレンスさんも日本語を大学で学び、日本文化に精通している。彼女のお友達も合流し5人でライデン大学のカフェでティータイム。わたしはこの中で最年長だが、わちゃわちゃしながら話を聞くのが楽しい。フローレンスさんはマルクトで抹茶椀を買ったそうで、見せてもらう。BTSやアートや水彩絵具の話で盛り上がる。会話は英語で、皆雰囲気がとても良い。

帰りに、カフェのショップにフローレンスさんが描いたポストカードがあるということで、購入。サインをしてもらう。フローレンスさんのイラストは、好きなものをまっすぐに見つめているのが伝わってきてとても好きだ。

2024.5.19

帰りにニコルちゃんとフローレンスさんと3人で、パンネンクック（オランダパンケーキ）を食べることに。たくさん食べるわたしが心配になるくらい本当に大きい。薄くて平たい、もはやクレープ？という雰囲気。パンネンクックには、甘い系の具としょっぱい系の具があるけど、わたしはそのちょうど半々のハム＆チーズとパイナップルをチョイス。甘いストロープ（シロップ）で味変ができるのが面白い。クルクル生地を巻いて、切り分けて一口ずついただく。この3人では、日本語でおしゃべりして、お腹いっぱいよく食べた。

ライデンからアルクマールまで北に1時間電車に乗って帰る。
ニコルちゃんがくれた猫のベルをお守りに、夕日を追いかけながら電車で帰宅。21時の夕焼け。

128

オランダ

2024.5.20 　　家族を感じた日

オランダの古都ハーレム駅でエリザさん家族と会う。親日家で猫好きのエリザさんとは、2023年に出会って、SNSを通して仲良くなった。初めて会った時、彼女はリラックマのスマホケースを持っていて、お父さんはウルトラマンのTシャツを着ていたっけ。日本でも一度再会し、次にオランダに来ることがあればぜひ会いましょうと言ってくれていたので、ご自宅へ伺うことに。

旦那さんと1歳の息子さんとご対面、皆笑顔が可愛い。飼い猫のムーちゃんにも会わせてもらい、楽しい時間を過ごす。エリザさんから猫のヘアクリップをいただく。毎日少しずつ猫が増えている。

ファミリーの車でアムステルダムボス公園に移動し、ヤギ牧場でヤギと親睦を深める。人懐こいヤギにミルクをあげたり、ヤギのチーズを食べたり、初体験の1日。エリザさんは、動物が大好きなのだけれど、その中でもタヌキが好き。それゆえに、急に「♬タンタンタヌキのきんたまはー」と歌い出すので、いつも笑ってしまう。なぜこの歌が好きなのか聞いてみたら、友達が教えてくれた歌で、歌詞を忘れないようにYouTubeを見て覚えたらしい。「タヌキが大好きだから、ちょっと変な歌詞だけど気に入って歌っているの。『平成狸合戦ぽんぽこ』は見た？わたしはあの映画が大好き！」と、タヌキ愛が止まらない。帰りの車内でもタンタンタヌキの歌が響き、夕方に駅に車で送ってもらって、この日はお別れ。

ハーレムからアルクマールまで電車に乗り、アルクマールからバスに乗ってレストランへ。この日はマーティンさんとイングリッドさんと、3人の子供たちが集まって一緒にご飯を食べる予定。

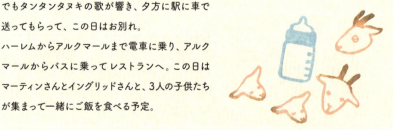

2024.5.20

オランダ

3人とはそれぞれに何回か会っているのだけど、みんなキャラクターが違って素敵な人たちだ。AIの曲のことを3人に聞くと……
「あれ作ったのママじゃなくてAIだから〜！ウケル」とのことで、感激しすぎたわたしを見てそれはそれで盛り上がったようだった。イングリッドさん家族のご飯会にご一緒させてもらってありがたいなあと思う。英語もおぼつかないわたしとゆっくり話してくれたり、食後に「MANPUKU！」といってくれたりする、この家族のフィーリングが心地よい。3人とも独立して、実家を出ているため、わたしは子供部屋に泊まらせてもらっている。満腹でハッピーな家族たちを見ながら、自分の家族は元気かなあ、とふと思ったけれど、オランダの20時は、日本の午前3時なので、連絡は諦めた。日本とオランダの時差は、サマータイムで7時間だから、日本の昼の12時はオランダの朝の5時。逆に、楽しい1日を過ごしたなぁと思って連絡したくなる時は皆寝ている時間なので、いつもタイミングを逃してしまう。ちなみに、お土産のリクエストを聞くならオランダの13時頃＝日本の20時頃がおすすめです。

2024.5.21　オランダの海で凧揚げ

残ったねりきりをパンにのせてあんパンにリメイクした朝。甘いオープンサンドになった。今日はオランダの海、エグモンドアーンゼーに車で向かう。とても天気がよくて最高の海日和。

かつて、ディック・ブルーナさんが家族とこの場所を訪れた時に、野ウサギがたくさんいて、それがミッフィーの創作のもとに繋がったと言われている。

2024.5.21

エグモンドアーンゼー

砂浜にはこの水着姿のミッフィーをはじめ、家族や友達のミーティングポイントの目印として、さまざまな看板が立っている。「迷ったらウサギの看板のところで待っているのよ〜」という会話がたくさん生まれているんだろうな。この海はイングリッドさんとマーティンさんのリラックスの場でもある。波打ち際を散歩したり、のんびりコーヒーを飲んだりしているそう。わたしは旅をする時必ず凧を持っていくのだが、今回もエグモンドアーンゼーで凧揚げをしたくて、「タコの凧」を持ってきた。春の陽気にいい潮風が吹き、凧糸がどんどんのびて、青いタコはぐんぐんと空に上がっていく。

気持ち良さそうに大空になびくタコを見ていると、なんだか自分がタコになったような気持ちになる。浜辺ではたくさんの人が海水浴を楽しんでいた。わたしは泳がないけれど、海での凧揚げが大好き。凧はどんなに地上から離れても、糸で凧を揚げる人とつながっていて、それぞれが違う風景を見ていて、最後は一緒に帰る、そんな感じが好き。凧は風が強ければ強いほど高く上がるところも好きだ。今回も、凧揚げをしているところをイングリッドさんがカフェから見守ってくれて、凧揚げ自体はマーティンさんがサポートしてくれた。

凧揚げはやはり楽しく、青春！！と思えるような30分間だった。中年だけどね。
ランチはレストラン Vis aan Zee で、ハーリングブローチェとキベリングをいただく。

2024.5.21

エグモンドアーンゼー

ハーリングとは、ニシンの塩漬けに玉ねぎのみじん切りをかけたオランダの名物で、ハーリングブローチェはそれをパンに挟んだサンドイッチ。生魚のサンドイッチは人生で初だったが、めちゃくちゃ美味しい！お寿司みたいな感覚かもしれない。可能ならばここにゆず胡椒も入れたい。パンに挟むことで食べやすくなって、食事パンになるのがいい。
初夏にビールや炭酸で食べたくなる味。

キベリングは、揚げたてが美味しい一口サイズのタラのフライ。一口サイズゆえに、1つ1つのピースごとに唐揚げの衣をまとっていて、どこから食べても衣がサクサク＆身がフワフワの食感を楽しめる。タルタルソースみたいなにんにくソースがついているので、ディップして食べる。この時、ディップとキベリングの取り合いになること間違いなし。食後の〆は、ジェラート屋さん。わたしが選んだフレーバーはウォータメロンとダークチョコレート。

壁にはEnjoy life eatとあり、「人生を楽しむ、食べる」のフレーズに元気をもらう。イングリッドさんが、レモンチェッロのジェラートを食べながら「最高、これはもう毎日食べたいですね」と言い始め、「ちょくちょく食べれてうらやましいです！」と返す。
余談だが、イングリッドさんはこのジェラートを食べるたびに「いまレモンチェッロを食べてますよ～」とLINEで連絡をくれるようになった。うー、やっぱりうらやましい！

2024.5.21

夜御飯はマーティンさんの手作りハンバーグとイングリッドさんの特製サラミサラダ。これもボウルを抱えて食べたいほどに美味しかった。

サラミサラダは野菜たっぷりでとても美味しく、これも「どうやったらこんなに美味しく作れるのだろう?」という味だった。また食べたい。また食べたいと毎日思っている。
また食べる、ということはまたここに来ること、イングリッドさんとマーティンさんに会うことを意味しているので、次はいつ来られるかなあ、と夢想する。
近い未来に食べたいものが増えて、元気で健康でいたいなと思う夜だった。

136

2024.5.22　友達とオランダの猫に会う

昼から長らくの友人、なつみさんの家を訪問。電車もバスも少しずつ慣れてきて、タッチ決済できるクレジットカードがあればどこまでも行ける気がする。

約束の駅に降りると、アヒルの家族が駐輪場に現れた。親2羽、ひよこ10羽がいて、ビックリしながらも癒される。なつみさんが迎えに来てくれて、お宅訪問。地元のスーパーに寄ると、これまた可愛い猫と出会う。オランダではたくさん猫に出会えて嬉しい。
息子くんを小学校までなつみさんと一緒に迎えにいくと、開口一番「とみこちゃんじゃん!!あそぼーよ!」と、覚えていてくれた。

2024.5.22

オランダ

なつみさんはアムステルダム・ゴッホ美術館監修の『ゴッホ最後の3年』や、ヤングケアラーを描いた『小さなベティと飛べないハクチョウ』のグラフィックノベルの日本版翻訳をしていて、今回は彼女が携わっているグラフィックノベルの原書『ハチクマの帰還』を見せてもらった。

わたしはオランダ語が読めないので、なつみさんが隣で台詞を訳してくれたのだが、グラフィックノベルの世界に一気に引き込まれた。彼女が訳してくれる言葉のかけらとともに体験したグラフィックノベルは、まるで映画を観ているようだった。この作品はテレビドラマ化もされているようで、それも納得。来年なつみさんの日本語翻訳版が日本で出版されたら、字幕つきの洋画のように読めそうだ。楽しみ。

なつみさんとは15年来の友達で、お互い仕事の話や、日々の話をする仲。なかなか会えないからこそ、近況報告を大切にしている。
なつみさんの家では、家族皆と一緒に肉うどんをいただく。「とみこさん、日本の味がそろそろ欲しいんじゃないかなと思って」と、優しい心遣い。前回はパートナーさんがピザを作ってくれたんだった。

2024.5.22

息子くんは会わないうちに、いろんなことに気づくようになっていた。「とみこちゃん、今日もしかして頭が1メートルくらいあるんじゃない？」と言われたこの日は、今回の旅の中で唯一髪型が決まらず、頭が大爆発していた日だったし、食事中、わたしがふと発した言葉に、真剣な顔で「とみこちゃん、それは決めつけているよ」とか「ご飯食べたら遊ぶって言ったのにとみこちゃん約束が違うよ」と、ちゃんと筋が通っているのだ。

この真っ直ぐな言葉たちがなぜかシンプルに心に響き、わたしは知らず知らずのうちに、自分のことも、誰かのことも決めつけていたことがあったのかもしれないし、その場だけの言い訳をしてしまうことがあるな……とか、帰りの電車の中で深く考えさせられた。いろいろと、気づかせてくれてありがとう息子くん。

アルクマールの家に帰ってから、ピザとトマトスープをいただく。イングリッドさんが大好きな大相撲ダイジェストを3人で見ながら、スケジュールの話をする。明日はイングリッドさんもマーティンさんもお仕事なので「最終日は好きなことをして過ごしてくださいね」とのことで大好きな場所、ユトレヒトに行くことにする。

今日の猫。おうち猫と、くるま猫。

2024.5.23　ユトレヒトさんぽ

バスと電車でユトレヒトへ。オランダに行く際に必ず行く街がユトレヒトなのだけれど、今日はひたすらぼーっと歩くことにした。
ユトレヒトはわたしが初めて海外の一人旅をした場所なので、色々と感慨深い。

ユトレヒト中央駅からドム塔に向かうと、ひゅっと目の前に猫が現れ、写真を撮っているとあっという間に時間がたつ。そのくらいのんびりした気持ちだ。新しくできたと思われる画材屋さんに寄ったら、新宿の世界堂にいるような感覚になり、ここでも長時間過ごす。画材はいいよなあ。自分が使っているインクもあった。

 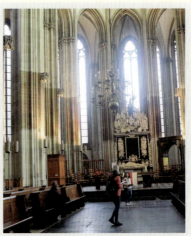

「本当に天気がいいねえ〜」と声に出してしまうくらいの晴天だった。ドム教会の中でゆっくりと過ごす。荘厳な教会だけれど、ほっとする。中央美術館もミッフィーミュージアムも大好きだが、今回は少しだけ時間が足りなかった。

ユトレヒトの老舗のお菓子屋さんTheo Blomでクッキーとチョコレートを買う。赤い扉が目印で、何を買おうか迷っていると、次から次へとお客さんが来て、好みのものを買っていく。

テオブロムの
クッキー

2024.5.23

ユトレヒト

本屋さんで立ち読みをしたあと、またここにゆっくり来られたらいいなぁと思いながら、カフェでビールを飲んでみる。テラス席で飲むビールは、すごく良い色をしていた。

「UTRECHT」と年号が刻んである蓋を見つけ、いろんな年度の蓋の写真を集め始める。楽しくなって、下ばかり見て歩いていた。
最後の最後にナインチェ（ミッフィー）の信号を見にいく。悩んでることもあったけれど、「進め」の標識に元気をもらう。
今日の夕食は皆で食べたかったので、早めに帰宅。最後の夜御飯は、イエローカレーにサンバルソース付き。この黄色も、とてもとても美味しい色だった。名残惜しくなって、ちょっと口数が少なくなり、2階でパッキングを始める。
思えば人生で一番長い旅だったし、たくさんの人の縁やつながりを感じた旅だった。一人旅をしている間、いろんな友達の顔が浮かび、猫祭りの思い出もチョコも、みんなに分けたいと思った。

143

le chocolat du jour

ユトレヒトで出会えるチョコ

Banketbakkerij Theo Blom

ユトレヒトのシンボル・ドム塔を形どったチョコレートボンボン。
クッキーもおすすめです。
Zadelstraat 23, 3511 LR Utrecht, オランダ
http://www.banketbakkerijtheoblom.nl/

2024.5.24　日本へ旅立つ日

朝から荷物をパンパンに詰め込み、スーツケースの重量も量って準備完了。マーティンさんの運転で空港に送ってもらう。スキポール空港の立体駐車場は、停めたところがわかるようにオランダ名物の目印が書いてある。

今日車を停めた階のマークは、ハーリング。海に行った日の思い出の味だ。他の階も、チーズや木靴などオランダ名物のマークとなっている。とても素敵なイラストなので、ぜひ探してみて欲しい。荷物を預けにカウンターに行くと、大混雑の上にわたしが持っているサブバッグは機内に持ち込めないということになり、大パニック。
サブバッグには大量のチョコが入っており、このまま預け入れ荷物にすることは可能だけれど、粉々になってしまうかも？と不安が募る。ちなみに、超過料金を聞くと「369ユーロ」とのこと。……369ユーロ？？ 36ユーロじゃなくて？ 日本円で6万円弱。
気が動転していたのであまり記憶がないが、ここから再パッキング。
「捨てるかエクストラチャージで預けるか決めてください」とのことで、2人のところに戻り、超過した荷物を預かってもらうことに。それでも今度は機内持ち込みのリュックが重すぎたりして、2回めのパッキングをする。本当は3人でランチをするはずだったのに、わたしの再パッキングのせいで時間がなくなってしまった。

2024.5.24

搭乗時間が刻々と迫り、空港のスタッフに本当に大丈夫かと聞くと、ここでなぜかビジネスクラスのカウンターに通され、なぜかラウンジのチケットをもらった。泣きそうな気持ちでイングリッドさんとマーティンさんのところに戻ると、長時間2人を待たせ続け迷惑をかけたのに、2人は「結果、よくできました！ちゃんと帰れます」と言ってくれた。泣きそうな顔と情けない心でハグをし、本当にお別れ。保安検査も終わり、ラウンジに行こうかとも思ったけれど、時間切れ。よくみると、名前のアルファベットが別人？になっていた。

売店で買ったスポーツドリンクは「reload」。心新たに再読み込み、というつもりで買ったのだけど、辞書によると「再積み込み」という意味もあったようだ。最後の最後にエクストラチャージのことで、大騒ぎをしてしまったけれど、見守ってくれた2人に本当に感謝。飛行機に乗り込み、ドーハを経由して日本に帰ります。

2024.5.25

成田空港の到着ロビーでまずしたことは、チョコレートの心配だった。買った時の気温よりドーハの気温が高く、日本も真夏日だったため、到着ロビーの売店で保冷剤をあるだけ購入し、また改めてreload、チョコを再積み込みし、スカイライナー経由で家路に就いた。19日間の長い旅が終わり、冷蔵庫にチョコをしまった。

帰国後のお楽しみ

「チョコの会」

一人で食べるチョコも美味しいけれど、今回の旅はチョコを皆で味わいたいと思い、チョコをナイフで少しずつ切り分けたパーティー。パティシエールのKさんが、カカオの実とカカオティーを持ってきてくれて、味わいながら食べた。

帰国前、Kさんにチョコレートの保存方法を聞いたところ、「夏は冷蔵庫の野菜室へ。ジップ袋に小分けして冷蔵庫の匂いをつけないこと」というアドバイスをもらった。
帰宅後、大量のチョコを丁寧にジップ袋に入れていったら、冷蔵庫中が押収品のようになって面白かった。

2024.5.31

「ぬいぐるみの会」

テルちゃんにチョコを渡す時に、お互いがいままで購入したイーペルキャットを持ち寄って2009年、2015年、2024年のバージョンのぬいぐるみの集合写真を撮った。テルちゃんとわたしの「可愛い」の好みが似ているので、選んだ猫の顔も似ている。

「ベルギービールの会」

イーペルでディディさんに頂いた地ビールと、アントワープの大聖堂で購入したビールを味わう会。小瓶のビールをちょっとずつ分けて飲む利き酒の会になった。

148

あとがき

「猫祭りの本があったらいいな」というのは、2009年に初めて猫祭りに行った時からずっと思っていたことでした。ベルギーのおだやかな街に、3年に一度、世界中の猫好きが見物に集まり、日本からもツアーのお客さんがたくさん来ていて、本当に楽しそうにしている。そして誰もが何らかの「猫アイテム」を身につけているのが可愛らしくて。お祭りのパレードは、様々な年代の地元の皆さんが参加して「みんなのお祭り」になっているのがとてもいいなあ、と思ったのでした。

猫祭りは、当日参加だけでも楽しいし、前夜祭も見れたら更に楽しいです。一人でも、現地に知り合いがいてもいなくても、言葉が喋れなくても正直問題ありません。なぜなら、猫祭りではお互い言葉がわからなくても、「猫が好き」という1点で盛り上がれるからです。それに、何かあったら、いまは翻訳アプリがあります。

過去の猫祭りの旅では、わたしはソロぼっち旅も2人旅も経験し、正直どちらも思い出深い旅行になりました。今年は新婚旅行で来たご夫婦にも会いました。今回猫祭りとチョコの旅というテーマで日記を綴りましたが、読者の皆様の興味があるテーマと、猫祭りを組み合わせて、「マイ猫祭りツアー」を計画して旅するのもおすすめです。

猫祭り×ベルギービール／猫祭り×美術館／猫祭り×スポーツ／猫祭り×お花／猫祭り×鉄道／猫祭り×カメラ……などなど、楽しみ方は人それぞれ無限大にありそうです。

3年に一度、あなただけの猫祭りツアーを計画して、5月第2日曜日にイーペルに集まって、現地でパレードを見ませんか？？ちょうど5月の第2日曜は母の日ですから、春の花を愛でる親子旅も素敵です。この本の中に出てくるイングリッドさんと出会ったのも、猫祭りの帰りの空港だったりして、猫の不思議な縁に招かれている気がします。

「いつか、消しゴムはんこの本とベルギーの猫祭りの本を出すのが夢です」と、この本の編集担当である福永さんに話してから、15年近くたち、今回書籍化の運びとなりました。長年の片想いが成就したような気持ちがあります。デザイナーの白石さんにも大感謝です。

この旅で出会った人たちはとても親切で朗らかで、気持ちの良い方々ばかりでした。本当にありがとうございました。この本を手にとってくださった読者の皆様に、イーペルの街の歴史、その復興の証である猫祭りと、ベルギーの美味しいチョコ、花の季節のオランダを思い浮かべていただけたら幸いです。

一人旅はいつも、ワクワクと不安を両方抱いて出かけていますが、猫祭りは、「パレードを見に行くんだ」という気持ちを持って参加するだけ。年齢、言葉は関係なく楽しめるということを気づかせてくれた「みんなの猫祭り」に本当に感謝です。

とみこはん拝

とみこはん（Tomikohan）

「食べて旅する消しゴムはんこ」をテーマに、消しゴムはんこを彫って絵を描く、消しゴム版画・イラストレーター。食べ物や人物のモチーフに定評があり、温かみのある作風で、雑誌、書籍、テレビ、広告など様々な分野で活動中。全国各地で消しゴムはんこの楽しさを伝える活動も行う。自著に『とみこのはんこ：手軽に彫っていろいろペタペタ。消しゴムはんこで作る自分だけの雑貨たち』（河出書房新社）、『使いたくなる消しゴムはんこ 毎日がホリデー』（小学館クリエイティブ）がある。

http://www.tomikohan.com/

私のとっておき 49
ベルギー　猫祭りとチョコレートめぐり

2024 年 12 月 13 日 第一刷発行

著者	とみこはん
写真・イラスト	とみこはん
地図	山本祥子（産業編集センター）
ブックデザイン	白石哲也（Fält）
編集	福永恵子（産業編集センター）
発行	株式会社産業編集センター 〒112-0011　東京都文京区千石 4-39-17
印刷・製本	株式会社シナノパブリッシングプレス

©2024 Tomikohan Printed in Japan
ISBN978-4-86311-426-5　C0026

本書掲載の文章・イラスト・写真を無断で転記することを禁じます。
乱丁・落丁本はお取り替えいたします。